MAIN

¡Jugo!

¡Jugo!

Deliciosos jugos para disfrutar a cualquier hora del día

Pippa Cuthbert &
Lindsay Cameron Wilson

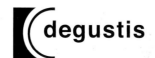

DEGUSTIS

Es un sello editorial de
2006 Advanced Marketing S. de R.L. de C.V
Calzada San Francisco Cuautlalpan No. 102 Bodega "D"
Col. San Francisco Cuautlalpan, Naucalpan de Juárez
Edo. de México C.P. 53569

Dedicatoria
Para los James

Primera impresión en 2004 por
New Holland Publishers (UK) Ltd
Londres o Ciudad del Cabo o Sydney o Auckland
Garfield House
86-88 Edgware Road
Londres W2 2EA
www.newhollandpublishers.com

80 McKenzie Street
Cape Town 8001
Sudáfrica

Primer piso, Departamento 4
14 Aquatic Drive
Frenchs Forest, NSW 2086
Australia

218 Lake Road
Northcote
Auckland
Nueva Zelanda

10 9 8 7 6 5 4 3 2 1

ISBN 970-718-459-0
ISBN13 978-970-718-459-6

Editor principal: Clare Hubbard
Diseño: Paul Wright @ Cube
Fotografía: Ryno
Estilista: Justine Drake
Producción: Hazel Kirkman
Dirección editorial: Rosemary Wilkinson
Reproducción por Colourscan Overseas Co. Pte Ltd,
Singapur
Impreso y editado en China por C & C Offset

Nota del editor

Reconocimientos
Queremos agradecer a nuestros amigos en "Books for
Cooks" por su apoyo e inspiración.
Los publicistas y autores quieren agradecer a New Classics
por proporcionar los jugos y mezcladores Waring para
fotografía (páginas 11 y 12) y por probar las recetas.

Contenido

Introducción

¡Jugo! es el libro ideal para todo aquel que lleva, o desea llevar, un estilo de vida saludable. En él encontrará más de 110 recetas destinadas a satisfacer todas sus necesidades en jugos. Aprenderá también cosas que nunca imaginó acerca de una gran variedad de frutas, verduras y hierbas. Pero, sobre todo, en ¡Jugo! encontrará sabor. Cada receta es una celebración de sabores del mundo entero que hoy todos podemos disfrutar gracias a la abundante cantidad de maravillosos ingredientes disponibles en el mercado.

No siempre fuimos fanáticas del jugo. Hubo un tiempo en que nuestras vidas transcurrían con la inocencia de pensar que un sorbo de jugo en envase de cartón era toda la vitamina C que necesitábamos. Es que somos escritoras y estilistas culinarias, y en nuestro mundo la estética y las historias detrás de cada plato son lo primordial, mientras que la salud se encuentra en segundo plano. Incluso la librería donde nos conocimos comparte esa misma filosofía. Los libros sobre comida calórica, suculenta y pesada están exhibidos al frente, mientras que los que abordan temas de la salud están detrás de la puerta de ingreso. Pero eso era antes de que compráramos nuestros exprimidores, antes de probar jugo

estaban cubiertas por el simple hecho de beber exquisitos preparados de jugos naturales. Si bien el motivo originario de nuestra pasión fue el insaciable deseo por conocer combinaciones inexploradas de sabores, los beneficios que obtuvimos en ese proceso se tornaron invaluables. Pronto tuvimos el cabello más abundante, la piel más brillante, el organismo más limpio y una energía sin límites. Quizás sonemos presumidas, pero fueron también los halagos de aquellos que nos rodeaban lo que hizo crecer nuestro apetito por los jugos.

Beber jugos frescos no es una idea nueva. Médicos y naturópatas los han utilizado desde el siglo diecinueve para tratar pacientes. Los pioneros de "el jugo es salud", surgido en Alemania y Suiza a fines del siglo diecinueve y principios del veinte, inventaron la *Röhsaft Kur* (la cura de jugo fresco), la cual aún hoy se practica en todo el mundo.

Muchos años después, a finales de la década de los '80, la manía de los jugos llegó a California. Todo el mundo estaba o bien montando un bar de jugos o bien frecuentándolo. El éxito de los jugos en California se debe a la gran cantidad de frutas frescas del lugar, al estilo de vida y, por sobre todo, a la importancia que los californianos le dan a la salud y al cuidado de sus cuerpos. No transcurrió mucho tiempo antes de que esta moda se extendiera al resto de los EE.UU. y Canadá,

dulce de granada, de que nuestras mejillas se vieran resplandecientes en pleno invierno, de que nos hiciéramos adictas a la belleza y a los beneficios del jugo.

Las frutas y verduras son un aspecto vital de toda dieta saludable y equilibrada. Incluso muchas organizaciones y nutricionistas recomiendan un consumo mínimo de cinco raciones diarias. Comer un plátano por la mañana puede ser fácil, pero tomar otras cuatro porciones es algo totalmente distinto. Sin embargo, a medida que nuestro amor por los jugos fue creciendo, descubrimos que nuestras necesidades diarias ya

cruzara Europa y llegara hasta Australia, Nueva Zelanda y Sudáfrica. Hoy en día, los bares de jugos –desde los ultra modernos hasta los naturalmente holísticos– están por todas partes. Beber jugos se ha transformado en un estilo de vida.

De regreso a casa por la calle Edgware Road de Londres, pasando por innumerables restaurantes de Medio Oriente, uno se pregunta sobre el verdadero origen del jugo. Allí, en medio de pipas burbujeantes, tabbouleh y cordero kofta en brocheta, se pueden ver grandes exprimidores llenos de fruta. Incluso no podríamos comer un plato de kibbee sin un buen vaso de jugo de melón cantalupo.

"Los jugos de fruta y verdura son una parte esencial en la cultura de la

bebida en Medio Oriente", dice la escritora culinaria, Anissa Helou. Se sirven en las calles, en cafés y en los hogares. Cuando ella era joven, su madre solía llevarla todos los sábados al mismo café en Beirut, donde bebía jugo fresco de zanahoria con su comida. "No era un producto lujoso, no era inusual, era una costumbre saludable y refrescante de la vida cotidiana en un país caluroso".

Muchos de los jugos en este libro están inspirados en los sabores de Medio Oriente y hacen honor a su tradición en jugos. Como dijo la autora libanesa, los jugos son una costumbre de su vida cotidiana. Si lo que se tiene se hace hábito; entonces, ¿por qué no tener un exprimidor en su mesa de modo que los jugos pueden convertirse también en parte de su vida? Preparar jugos en casa le permitirá experimentar con una amplia variedad de frutas y verduras, y

comprobar cómo benefician a su cuerpo. En tanto comience a beber jugos regularmente, no sólo su cuerpo estará más saludable, también sus sentidos se agudizarán. Cada sorbo se convierte en una excitante sensación de sabor. Algunos son explosivos, otros suaves; algunos cosquillean, otros se deslizan. Las texturas pueden ser espumosas o bien tan suaves que se disipan en la lengua. Estas fascinantes pruebas de sabor, que hemos realizado, son la inspiración detrás de la palabra descriptiva de cada receta. Sin embargo, asignar una palabra a cada sabor no fue tarea fácil. Los sabores suelen ser difíciles de describir, asegura Mark Miller, escritor culinario norteamericano, propietario de un restaurante y experto en chile, quien afirma: "la degustación es una experiencia existencial, sensual. No la entendemos realmente. Usamos el lenguaje para describir un sabor, y sin embargo es el cuerpo el que experimenta ese proceso temporal, con altos y bajos, intensidad y duración. El sabor es algo muy complejo que ocurre en el cuerpo". Utilizar el lenguaje para describir un sabor, explica Miller, es analítico, y no siempre refleja la experiencia misma. Por lo tanto, nuestras palabras son meros lineamientos; dejaremos que usted encuentre las suyas una vez que haya probado sus propios jugos.

Manos a la obra. A pelar esos plátanos, picar esas guayabas y quitar las semillas al melón, porque el jugo nunca ha sabido tan bien.

Exprimidores y licuadoras

Los exprimidores no son sólo cosas de adictos a la salud o amantes de artículos del hogar. Beber jugos es un hábito saludable y simple que podrá incorporar a su rutina diaria sin importar cuán ocupado esté. Lo primero que necesita hacer es contar con el equipo adecuado. Ya sea que usted prefiera los cítricos, las zanahorias, el pasto de trigo, o incluso una mezcla de los tres, siempre encontrará en el mercado el exprimidor o la licuadora perfecta para sus necesidades. Tenga en cuenta que para la mayoría de las recetas, necesitará un exprimidor y una licuadora.

Costos de calidad

Mientras más vatios tenga el exprimidor, más caro será y mejor rendimiento tendrá. El vataje varía mucho de exprimidor en exprimidor. Primero deberá decidir qué tipo de jugo prefiere. ¿Le gusta pulposo y denso, o cristalino? ¿Prefiere jugos de verduras espesas y fibrosas o de kiwis tiernos y suaves? A mayor dificultad de trituración, mayor potencia y durabilidad deberá tener el exprimidor. Los exprimidores domésticos pueden ser de hasta 200 vatios, mientras que los industriales pueden llegar a 1.000 vatios. Es importante decidir desde el principio qué tan en serio tomará usted el tema de los jugos, aunque teniendo en cuenta que nadie

necesita un exprimidor industrial para exprimir un árbol. Invertir en jugos es invertir en su salud, la cual, por supuesto, no tiene precio.

Asimismo, en lo que respecta a costos, hay otros factores a tener en cuenta.

• Busque un exprimidor con cuchilla de acero inoxidable y no de aluminio, ya que éste último se herrumbra fácilmente y puede contaminar su comida.

• Busque un exprimidor con tubo de alimentación lo suficientemente grande como para que entre una zanahoria grande entera. No es divertido tener que cortar las frutas y verduras en pequeños trocitos para poder exprimirlas.

• Busque un exprimidor con un vaso lo suficientemente grande como para contener como mínimo 500 ml (18 fl oz) de jugo.

• Asegúrese de que el exprimidor tenga un compartimiento amplio donde retener la pulpa. Algunos exprimidores tienen un contenedor externo para la pulpa, lo que permite que usted pueda exprimir por más tiempo sin necesidad de detenerse a eliminar obstrucciones.

Métodos de exprimido

Hay tres tipos básicos de
exprimidores: centrífugo, triturador y
a presión. Cualquiera sea el
exprimidor que usted use, recuerde
siempre limpiarlo cuidadosamente
después de cada uso.

Exprimidores centrífugos

La mayoría de los exprimidores
doméstico más económicos
pertenecen a esta clase. El método
consiste primero en triturar las frutas
y verduras, y luego hacerlas girar a
altas revoluciones por minuto (RPM).

El jugo sale hacia fuera y la pulpa es
expulsada a otro recipiente.
No son recomendables si lo que
usted quiere es ingerir diariamente
un jugo de alta calidad. El producto
final es bastante espeso y turbio,
con mucha pulpa, y las enzimas
pueden destruirse. Sin embargo,
con los accesorios adicionales para
cítricos y licuadora que suelen incluir
estos exprimidores, al menos son
una opción asequible para
comenzar a preparar jugos.

Trituradores

Es la segunda clase de exprimidor
más cara del mercado. Funcionan a
menor velocidad que los
exprimidores centrífugos, triturando
la fibra de frutas y verduras y
descomponiendo su estructura
celular. Responden mejor ante frutas
y verduras fibrosas que los
exprimidores centrífugos, dando un
producto final de alta calidad y con
mayor cantidad de jugo extraído de
la pulpa. Esto hace que el jugo sea
más cristalino y menos turbio, lo
que implica un producto final más
nutritivo puesto que retiene más
fibras, enzimas, vitaminas y
microelementos.

Los trituradores más caros
generalmente incluyen unidades
homogenizantes para preparar
comida para bebés, salsas y nieve
de frutas.

Exprimidores a presión

Son los de mejor rendimiento y, en consecuencia, los más caros del mercado. Su funcionamiento

consiste en, primero, triturar las frutas y verduras para luego presionarlas de modo similar a la prensa utilizada para hacer aceite de oliva extra virgen. De todos los exprimidores éstos son los más lentos (giran a menos RPM), produciendo poca fricción y evitando que la fruta reciba calor alguno. Los exprimidores a presión producen los jugos de mejor calidad, con más fibra, enzimas, vitaminas y microelementos que con cualquier otro método, y un valor nutritivo tan alto que frecuentemente se lo utiliza como un suplemento medicinal, especialmente en pacientes enfermos de cáncer. Algunos exprimidores a presión incluyen una tecnología magnética y biocerámica adicional que ayuda a retrasar el proceso de oxidación, lo cual implica que los jugos puedan

conservarse por más tiempo (máximo tres días).

Licuadoras

Las licuadoras son generalmente más económicas que los exprimidores. También se pueden conseguir licuadoras manuales, que requieren menos limpieza. Como su nombre lo indica, sirven para licuar o mezclar frutas y verduras, y no extraen jugo. Si prefiere una bebida de frutas más espesa, pulposa y con más textura, entonces necesita una licuadora. Se puede agregar yogur, leche y hielo, junto con otros ingredientes, dentro de la licuadora y obtendrá un resultado conocido como suave (o terso), batido o

frapé. Sin embargo, si lo que usted quiere es un jugo puro, separado de la pulpa, lo que necesita es un exprimidor.

Implementos adicionales para exprimido

Le recomendamos invertir en unos pocos implementos más para que su preparación de jugos resulte tan fácil y placentera como sea posible.

Tamiz fino o muselina – vital para filtrar pulpa o ingredientes no deseados.

Cepillo de alambre fino – para limpiar el exprimidor.

Tarros de vidrio con tapa – ideales para guardar y transportar jugos. No olvide sacudir bien antes de beber.

Exprimidor manual – necesario para cuando se requiere un chorrito de limón o una pizca de jugo de lima para detener la oxidación y para la coloración.

Cucharas de medir y jarras graduadas.

Recipientes plásticos para leche/jugo: recíclelos para congelar jugos "puros", por ejemplo de manzana o pera.

Balanza: vital si hará de los jugos una ciencia. No olvide que puede y debe experimentar: usar frutas y verduras de estación o lo que encuentre en su refrigerador. ¡Las recetas son sólo

una guía! Adáptelas a su paladar.

Cepillo de fregar: asegúrese de fregar bien sus frutas y verduras

para quitar la suciedad.

Cuchillos filosos: en toda cocina es necesario contar con cuchillos buenos y filosos. Asegúrese de que sus cuchillos sean afilados regularmente y por la misma persona.

Batidor pequeño: se utiliza para combinar diferentes jugos.

Termo: alternativa más cara que los tarros de vidrio. Ideales para los jugos Doce:p.m. – Hora del almorzar (ver pp. 38-61).

Pelador de verduras: sólo cuando sea necesario; la mayoría de los nutrientes de las frutas y verduras están en su piel o cáscara.

Medidas estándar

1 manojo de BROTES DE ALFALFA

                                  10 g/^{1}/$_3$ oz

1 MANZANA descorazonada y cortada en

cuartos   150 g/5 oz

1 CHABACANO

descorazonado   50 g/1 ^{2}/$_3$ oz

1 AGUACATE

pelado y deshuesado   125 g/4 oz

1 PLÁTANO pelado   100 g/3 ^{1}/$_2$ oz

1 BETABEL con hojas   100 g/3 ^{1}/$_2$ oz

1 puñado de ZARZAMORAS

(frescos/congelados)   50 g/1 ^{2}/$_3$ oz

1 puñado de GROSELLAS NEGRAS

sin rabillos

(frescas/congeladas)   50 g/1 ^{2}/$_3$ oz

1 puñado de ARÁNDANOS

(frescos/congelados)   50 g/1 ^{2}/$_3$ oz

1 COL pequeño (rojo/blanco)

sin las hojas exteriores   400 g/14 oz

1 ZANAHORIA

sin los dos extremos   100 g/3 ^{1}/$_2$ oz

1 tronco de APIO

cortado, con hojas   50 g/1 ^{2}/$_3$ oz

1 APIO NABO pelado   300 g/10 ^{1}/$_2$ oz

1 puñado de CEREZAS

deshuesadas y sin rabillos 50 g/1 ^{2}/$_3$ oz

1 cabeza de CHICORIA   160 g/5 ^{1}/$_2$ oz

1 CHILE fresco   5g/1 ^{2}/$_3$ oz

1 atado de CILANTRO

cortado en trozos   10 g/^{1}/$_3$ oz

1 puñado de ARÁNDANOS ROJOS

(frescos/congelados)   50 g/1 ^{2}/$_3$ oz

1 PEPINO   500 g/1 lb

1 GUAYABA DE BRASIL pulpa

                         75 g/2 ^{1}/$_2$ oz

1 bulbo de ENELDO

sin su parte exterior   225 g/7 ^{3}/$_4$ oz

1 HIGO   40 g/1 ^{1}/$_3$ oz

1 diente de AJO pelado   5 g/^{1}/$_6$ oz

1 cm (^{1}/$_3$ in) de JENGIBRE fresco

pelado   5 g/^{1}/$_6$ oz

1 puñado de UVA ESPINA

(frescas/congeladas)   50 g/1 ^{2}/$_3$ oz

1 racimo de UVAS (negras/blancas)

sin rabillos   200 g/7 oz

1 TORONJA (rosada/blanca)

pelada   200 g/7 oz

1 LECHUGA ICEBERG

sin las hojas exteriores 550 g/1 lb3 ^{1}/$_4$ oz

1 KIWI   75 g/2 ^{1}/$_2$ oz

1 PUERRO cortado   100 g/3 ^{1}/$_2$ oz

1 limón pelado   75 g/2 ^{1}/$_2$ oz

1 tallo de CITRONELA

cortado y picado   10 g/^{1}/$_3$ oz

1 LIMA pelada   50 g/1 ^{2}/$_3$ oz

1 LICHI   10 g/^{1}/$_3$ oz

1 CHICHARO (snow peas)   1 cdita

1 MANGO pelado y deshuesado

                         25 g/7 ^{3}/$_4$ oz

1 MELÓN (verde/cantalupo)

pelado y sin semillas   200 g/7 oz

1 NECTARINA deshuesada 75 g/2 ^{1}/$_2$ oz

1 NARANJA REDBLUSH (de sangre)

pelada   150 g/5 oz

1 PAPAYA

pelada y sin semillas   150 g/5 oz

1 manojo de PEREJIL

sin tallos duros   10 g/^{1}/$_3$ oz

1 MARACAYÁ

pulpa   30 g/1 oz

1 MELOCOTÓN deshuesado 150 g/5 oz

1 PERA sin corazón

y dividida en cuatro partes 150 g/5 oz

1 PIMIENTO (colorado/verde)

sin rabillo ni semillas   125 g/4 oz

1 CAQUI pelado   60 g/2 oz

1 PIÑA pelada   900 g/2 lb

1 CIRUELA (incluida la ciruela claudia)

deshuesada   50 g/1 ^{2}/$_3$ oz

1 GRANADA

sin semilla   100 g/3 ^{1}/$_2$ oz

1 MEMBRILLO pelado y dividido en cuatro
partes   200 g/7 oz

1 cabeza de CHICORIA ROJA
  sin las hojas exteriores   60 g/2 oz

1 RÁBANO con hojas   7,5 g/$1/2$ oz

1 puñado de FRAMBUESAS
  (frescas/congeladas)   50 g/1 $2/3$ oz

1 manojo de RÚCULA   20 g/ $2/3$ oz

1 HOJA DE SALVIA   1 cdita

1 manojo de ESPINACA
  sin rabillos duros, y picada   50 g/1 $2/3$ oz

1 CEBOLLINO cortado   10 g/ $1/3$ oz

1 CALABAZA
  pelada y sin semillas   300 g/10 $1/2$ oz

1 puñado de FRESAS
  sin rabillo   100 g/3 $1/2$ oz

1 CAMOTE pelado   200 g/7 oz

1 TAMARINDO pulpa   50 g/1 $2/3$ oz

1 TOMATE sin rabillo   75 g/2 $1/2$ oz

1 puñado de BERRO   50 g/1 $2/3$ oz

1 SANDÍA pulpa y semillas
  extraídas con cuchara   2k g/4 lb

1 puñado de PASTO DE TRIGO
  enjuagado y picado   10 g/$1/3$ oz

Notas

• De cada receta se obtienen 250 ml (8$1/2$ fl oz) de jugo; lo cual equivale a una porción.

• Utilice productos orgánicos tanto como sea posible para evitar residuos de pesticidas y herbicidas. Si no está utilizando ingredientes orgánicos, pele todas las frutas y verduras antes de procesarlas.

• Antes de exprimir, lave todos los productos y quíteles toda suciedad, magulladura o zonas mohosas, rabillos, piel cerosa o amarga, tallos duros, huesos, hojas amargas y cualquier otro elemento no comestible. Para información sobre la preparación de frutas, verduras y hierbas consulte las páginas 140-169.

• Utilice siempre hierbas frescas, a menos que se indique lo contrario.

• Cda = cucharada / cdita = cucharadita.

• Para obtener información sobre vitaminas y minerales, consulte las páginas 170-172.

• La frescura de los ingredientes lo es todo. Beba los jugos el mismo día de su preparación, ya que los valores nutritivos disminuyen con el tiempo de exposición al aire. Manténgalos guardados en el refrigerador y bébalos dentro de los dos o tres días siguientes.

• Debido al pequeño riesgo de salmonela que pueden presentar los jugos que contienen huevos crudos, se recomienda no servirlos a niños, enfermos, ancianos o mujeres embarazadas.

• Los niños y las mujeres embarazadas o en período de lactancia no deben tomar remedios o suplementos a base de hierbas (ver páginas 164-169).

• Si va a utilizar algún remedio o suplemento a base de hierbas, lea siempre la información aportada por el fabricante para corroborar que el producto sea adecuado para usted (ver páginas 164-169). Si tiene dudas, consulte a un médico. Aun no ingiriendo el suplemento a base de hierbas el jugo seguirá siendo delicioso.

• Si está tomando alguna medicación, consulte a su médico antes de consumir grandes cantidades de jugo de toronja.

• Quienes se inicien en la ingesta de jugos no deben tomar más de dos porciones diarias. Gradualmente podrán incrementarla hasta la cantidad que les siente mejor – y hasta un máximo de tres o cuatro porciones al día. Consuma distintas frutas y verduras a fin de captar el máximo de nutrientes.

• Siempre conviene diluir los jugos que tomarán los niños. Si bien para eso lo mejor es el agua mineral, también puede utilizar limonada, agua con gas, soda o leche, cuando lo considere apropiado.

Siete:a.m.

La primera hora de la mañana es el mejor momento para beber un jugo. Allí es cuando su cuerpo es como una vasija vacía, lista y a la espera de ser llenada con nutrientes. Resista por ahora la tentación de tomar ese potente café que inevitablemente ingresará en su cuerpo más avanzada la mañana. Usted es ahora como una flor fresca e inocente, así que báñese de nutrientes.

Las siguientes recetas harán que su despertar sea un placer. Arrastre sus pies hasta la cocina. Saque el exprimidor. Corte sus frutas y verduras en tamaños pequeños. Échelas dentro. No olvide poner el vaso debajo del pico. Este es el momento en que quizás prefiera ponerse tapones en los oídos (algunos exprimidores parecen un 747 a punto de remontar vuelo) y encienda el aparato.

Vierta lentamente esta saludable preparación en su boca y siéntala deslizarse por su esófago. Espere un minuto a que el jugo haga efecto. Milagrosamente, sus mejillas comenzarán a brillar, una sonrisa aparecerá en su rostro y usted sentirá un deseo irrefrenable de lavar su exprimidor. Adelante, no hay nada peor que encontrarse con la pulpa seca antes de irse a dormir.

Desayuno de arándanos
naranja | arándanos | yogur | quinoa | aceite de oliva | miel

Café frío
plátano | café expreso | jarabe de arce | leche

Jengibre verde
melón | apio | jengibre

Jengibre verde

Frío

Limpiador de paladar fresco y vigorizante, con un cálido toque de jengibre que le pondrá fin a toda molestia estomacal y aliviará el tracto digestivo.

½ **melón verde**
   pelado y sin semillas
2 troncos de **apio con hojas**
   cortados
1 cm (⅓ in) de **jengibre fresco**
   pelado

Extraer el jugo del melón. Extraer el jugo del apio y el jengibre juntos. Combinar.

■ *El jugo de apio es frecuentemente recomendado por naturópatas como un remedio natural excelente contra la artritis y el reuma, debido a su alta concentración de sodio y potasio.*

■ *El jengibre es muy conocido como remedio contra las náuseas – un tratamiento ideal para los mareos matutinos.*

Amanecer naranja

Dulce

Una espectacular combinación de rojo, naranja y amarillo agregará algo de luz a su día.

---

1 **naranja**
   pelada
1 **limón**
   pelado
3 **zanahorias**
   sin sus extremos
15 gotas de **extracto de echinacea**

Exprimir la naranja y el limón juntos y dejar a un lado. Extraer el jugo de las zanahorias. Verter el jugo de zanahoria y el extracto de echinacea en la mezcla de jugo cítrico. Dejar que los jugos se mezclen solos.

■ *Las zanahorias son unas de las pocas verduras que pueden combinarse con frutas sin causar flatulencias.*

■ *Los limones tienen un efecto diurético suave y hacen de este jugo un aporte efectivo en la limpieza del organismo.*

Rosa Barbie

Espeso

Este batido espeso se parece increíblemente a la mini-van color rosa goma de mascar de Barbie, aunque, algo nos dice que Barbie no se alimentaba así de bien…

1 puñado de **frambuesas**
1 puñado de **muesli**
100 ml (3 ½ fl oz) de **yogur natural**
1 poco de **miel** al gusto

Licuar todos los ingredientes a la vez.

■ *En lugar de muesli, puede usar copos de avena, frutas secas, semillas de lino, coco, salvado de trigo y salvado de avena. Conservar en el refrigerador dentro de un recipiente hermético.*

■ *El yogur está hecho con agentes fermentadores (lactobacilus bulgaricus y streptococcus thermophilus) que transforman parte de la lactosa en ácido láctico. Cuando se usan las dos bacterias en partes iguales, el entorno resulta más activo o "vivo". Cuanto más activo es el yogur, más sano será.*

Rosa Barbie

frambuesas | muesli
yogur | miel

En forma de pera
Ligero

Esta es una bebida rica en fibras con el dulce aroma y sabor de la pera predominando en su paladar.

2 **peras** descorazonadas y cortadas en cuartos
1 **plátano** pelado
1 chorrito de **jugo de limón**
15 gotitas de **extracto de ginkgo biloba**

Extraer el jugo de las peras. Pasar el jugo a una licuadora con los plátanos y el chorrito de jugo de limón exprimido. Agregar el ginkgo biloba.

■ *El ginkgo biloba es el potenciador de jugos favorito en Fresh, uno de los bares de jugos más antiguos de Toronto. Ellos aseguran que incrementa la dopamina, que ayuda a la memoria y a mantenerse mentalmente despierto.*

■ *El ginkgo biloba ha sido también utilizado tradicionalmente en medicina para tratar problemas circulatorios, dilatando las venas y reduciendo la pegajosidad de las plaquetas sanguíneas.*

Tropicana
Aterciopelado

Una suculenta y exuberante ensalada de frutas tropicales servida en vaso. Tómelo como postre si lo prefiere o también puede mezclarlo con un poquito de yogur congelado.

1 **mango** pelado y deshuesado
1 **naranja** pelada
1 **plátano** pelado
6 **cubos de hielo**
1 **pulpa de maracuyá**

Extraer el jugo del mango y la naranja juntos. Pasar el jugo a una licuadora y licuar bien junto con el plátano y el hielo. Agregar la pulpa del maracuyá y revolver.

■ *Los plátanos contienen mucha fibra y son un desayuno completo en sí mismos.*

■ *Los mangos tienen más caroteno que la mayoría de las frutas, y ayudan a prevenir resfríos y reducir el riesgo de cáncer y problemas cardíacos.*

Pájaro sin bandada

Penetrante

Pippa, una neozelandesa hasta el tuétano, ama el kiwi. Este jugo es para ella.

---

2 **kiwis**
   pelados y cortados en mitades
1 **naranja**
   pelada y cortada en mitades
1 **plátano**
   pelado

Extraer el jugo del kiwi, luego de la naranja. Combinar los jugos y luego licuar con el plátano.

■ *El kiwi está lleno de vitamina C y ayuda a la digestión.*

■ *El kiwi, oriundo de la China, era conocido como "grosella espinosa de la China" hasta que su producción hizo eclosión en Nueva Zelanda. En 1953 se lo renombró 'kiwi' en alusión a un pájaro que no vuela, marrón y de pelo crespo, oriundo de Nueva Zelanda.*

La Dama Rosa

Picante

La toronja rosada le da a esta bebida su color rosa brillante y un toque ácido que despertará a cualquier cabecita somnolienta.

---

1 **toronja rosada**
   pelada
   (ver nota en página 15)
1 **toronja blanca**
   pelada
   (ver nota en página 15)
1 puñado de **arándanos**

Extraer el jugo de las toronjas y de los arándanos juntos.

■ *El tejido blanco fibroso que recubre el interior de la cáscara de las toronjas contiene pectina y bioflavonoides, que las convierte en un excelente alimento antioxidante.*

■ *Los arándanos rojos ayudan en la prevención y tratamiento de las infecciones del tracto urinario.*

La Dama Rosa
toronja | arándanos rojos

Barrio Sésamo

Chiflado

El Tahini es una pasta de ajonjolí molido que le da un toque de Medio Oriente a esta vibrante bebida matutina.

4 **zanahorias**
  sin sus extremos
1 cdita. de **tahini**
Jugo de ½ **limón**
1 cdita. de **miel**
Semillas de ajonjolí para espolvorear (opcional)

Extraer el jugo de las zanahorias. Licuar con el tahini, el jugo de limón y la miel para saborizar a gusto. Antes de servir, espolvorear con semillas de ajonjolí, si se prefiere.

■ *El ajonjolí, cultivado en la Mesopotamia hace más de 3.500 años, fue la primera planta que se utilizó para producir aceite comestible.*

■ *Las semillas de ajonjolí contienen más aceite que la mitad de su peso total. Ayudan a la digestión, activan la circulación sanguínea y tienen propiedades laxantes.*

Siempreviva

Floral

El romero le otorga una deliciosa y ligera sofisticación al jugo dulce de la pera y la manzana.

1 **pera** descorazonada
  y cortada en cuartos
1 **manzana** descorazonada
  y cortada en cuartos
1 ramita de **romero**
  sin las hojas

Extraer el jugo de la pera y luego el de la manzana. Licuar con las hojas de romero previamente bien picadas.

■ *El romero es una de esas hierbas que todo lo cura; produce miel y, si se lo utiliza con moderación, sabe fabuloso en jugos.*

■ *Las peras son mejores si están del todo maduras. Déjelas madurar a temperatura ambiente sin contacto con otras frutas (producen gas etileno que hará madurar también a las otras frutas).*

El trago de Sharon

Suave

El caqui, también conocido como "sharon" en Israel o "kaki" en Japón, produce un jugo deliciosamente cremoso, suave y dulce que combina perfectamente con las especias invernales.

1 **caqui**
   pelado, cortado en mitades y sin semillas
3 cdas. de **yogur vivo**
1 pizca de **canela**
1 pizca de **nuez moscada**

Extraer el jugo del caqui y licuar con el yogur vivo. Agregar canela y nuez moscada para saborizar.

■ *El caqui es una fruta de invierno. Por su piel naranja, lustrosa y brillante se parece a los tomates, pero por dentro su pulpa es dulce y firme; sus semillas no son comestibles.*

■ *El caqui es una buena fuente de vitaminas A y C y contiene potasio y cobre. También tiene un efecto laxante suave en el organismo.*

El trago de Sharon
caqui | yogur
canela | nuez moscada

Relajación Matinal
pera | manzana | ciruela seca

Pasión suspendida
Fragante

Las semillas del maracuyá, con su arrollador aroma floral, flotan delicadamente en este liviano y espumoso jugo.

2 **naranjas**
   peladas
   y cortadas en mitades
1 **plátano**
   pelado
1 pulpa de **maracuyá**

Extraer el jugo de las naranjas. Licuar con el plátano, agregar la pulpa del maracuyá y revolver.

■ *El maracuyá está maduro cuando su piel se pone arrugada como una pasa. Cuando esté maduro, ábralo y quítele con una cuchara las semillas dulces. Las semillas se pueden licuar, pero de esa forma se rompen y quedarán pequeños trozos negros en el fondo de su vaso.*

■ *El maracuyá es una buena fuente de beta caroteno y calcio, y contribuye a la limpieza del tracto digestivo.*

Nuez moscada
Cálido

Al agregar un huevo crudo orgánico (ver nota en página 15), este potenciador matinal resulta más fortificante.

2 **plátanos**
   pelados
125 ml (4 fl oz) de **leche entera**
1/8 cdita. de **nuez moscada**
   recién rallada

Licuar los plátanos con la leche y la nuez moscada.

■ *La nuez moscada en sí misma tiene un sabor muy cálido, además de ser un maravilloso potenciador de sabor. Conserve la nuez moscada entera y ralle sólo la cantidad necesaria – la nuez moscada en polvo no es ni la sombra de la fruta misma.*

■ *Los huevos son uno de los alimentos más nutritivos de la tierra.*

Jugo vampiro

Vibrante

El color de este jugo raya con lo espeluznante, pero su sabor – con un toque de vinagre para la estimulación y algas verdes para la resistencia – es increíble.

2 betabeles con hojas
2 troncos de apio
  cortados
1 manzana descorazonada
  y cortada en cuartos
½ cdita. de vinagre
1 poquito de algas verdes

Extraer el jugo de los betabeles, del apio y de la manzana por separado. Licuar con los restantes ingredientes.

■ Las algas verdes – una fresca alga marina – previenen el cáncer incorporando al organismo células asesinas naturales que actúan contra las células cancerígenas.

■ El vinagre se hace de una amplia gama de materias primas. Para esta receta recomendamos usar vinagre de manzana.

Relleno de vainilla

Cremoso

Elija huevos de granja cada vez que pueda – sus yemas son amarillo girasol y realzan diez veces la apariencia de esta bebida.

1 plátano
  pelado
1 vaina de vainilla
  sin semillas
1 cdita de germen de trigo
1 huevo
  (ver nota en página 15)
6 cdas de yogur vivo

Licuar bien todos los ingredientes.

■ Una vaina de vainilla mantendrá su potencia por hasta cuatro años.

■ El germen de trigo es un extracto del trigo y se lo utiliza frecuentemente como un suplemento dietario debido a su alto contenido de vitamina B.

Relleno de vainilla
plátano | vainilla | germen de trigo | huevo | yogur

Doce:p.m.

A la hora del almuerzo nuestros estómagos comienzan a quejarse al son del tic tac del reloj. Se nos presenta siempre el dilema de qué nutritivo alimento podríamos comer. Pero entonces la realidad nos invade y marchamos hacia la tienda de comida rápida más cercana en busca de un sándwich.

Nada hará cambiar la necesidad de alimento inmediato, pero hay algo que podrá complementarla mejor: un jugo. Prepare su jugo por la mañana, viértalo en un termo o jarro de viaje y guárdelo en el refrigerador apenas llegue a su trabajo. Cuando el hambre ataque, sacuda bien el recipiente, deshágase de la pulpa y quítese de encima la nostalgia del sándwich.

Algunas de las recetas que aparecen en este capítulo son tan sustanciosas como para saciar el hambre por completo. Otras están pensadas como complemento de su comida. Encontrará jugos espesos, que limpian el organismo, dulces fortificantes ricos en antioxidantes, y refrescantes creaciones suaves y a su vez sabrosas. En algunas recetas se incluyen remedios a base de hierbas; usted podrá agregarlos o no, según prefiera. Todo depende del esfuerzo que esté dispuesto a hacer a la mañana temprano, de su gusto y de su apetito.

Hora de almorzar

Nieve de aguacate
lechuga iceberg | lima | pepino | aguacate | wasabi

Nieve de aguacate

Cremoso

Inspirada en el trago japonés "guacamole on ice", es una bebida deliciosamente nutritiva y refrescante. A nosotras nos encanta.

¼ **lechuga iceberg**
   sin las hojas exteriores
1 **lima**
   pelada
¼ **pepino**
½ **aguacate**
   pelado y deshuesado
1 cdita de **wasabi (opcional)**
3 **cubos de hielo**

Extraer el jugo de la lechuga, la lima y el pepino. Pasar el jugo a una licuadora y licuar con el aguacate y el wasabi. Servir con hielo.

■ *Los aguacates son las frutas con más densidad energética y propiedades nutritivas por caloría.*

■ *El wasabi, también llamado rábano picante japonés, se vende en tiendas de especias y mercados asiáticos tanto en polvo como en extracto. Tiene un sabor acre y picante. Tenga cuidado.*

Estimulante de betabeles

Revitalizante

La combinación de los betabeles con el jengibre es deliciosa – áspera y estimulante a la vez.

2 **betabeles con hojas**
0,5 cm (⅕ pulg) de **jengibre fresco**
   pelado
2 **zanahorias**
   sin sus extremos
1 **naranja**
   pelada

Extraer el jugo de todos los ingredientes y combinar.

■ *El pigmento de los betabeles es mucho más estable que el de la mayoría de las plantas de color rojo y suele utilizárselo como colorante comestible para alimentos. Tenga cuidado de no manchar su ropa.*

■ *No entre en pánico si su orina se torna rosada tras consumir muchos betabeles. No es dañino y volverá a la normalidad tan pronto como su ingesta de betabeles disminuya.*

Saltamontes

Anís

El Grasshopper es un trago verde que contribuye mucho a la limpieza del organismo – se sentirá súper saludable y más despierto para las actividades de la tarde.

1 **bulbo de eneldo**
  sin su parte exterior
2 troncos de **apio con hojas**
  cortados
1 **manzana**
  descorazonada
  y cortada en cuartos
1 puñado de **pasto de trigo**
  enjuagado y picado

Extraer el jugo del eneldo y el apio juntos. Extraer el jugo de la manzana con el pasto de trigo. Combinar todos los elementos.

■ *¿Sabía que se pueden comprar bulbos de eneldo hembras y machos? Para lograr un producto más dulce y tierno compre los bulbos machos menos curvilíneos.*

■ *El pasto de trigo es la brizna que crece del trigo espelta, un antiguo cereal cultivado tradicionalmente en Alemania y Suiza.*

Rejuvenecedor

Picante

El Rejuvenator ayuda a mantener la higiene bucal y protege sus encías, y todo con un toque picante.

6 **rábanos** con hojas
1 **limón**
  pelado
3 **zanahorias**
  sin sus extremos

Extraer el jugo de todos los ingredientes y revolver.

■ *El sabor amargo de los rábanos estimula la salivación, elemental para mantener encías sanas.*

■ *La propiedades antibacterianas del limón ayudan a proteger la zona bucal y las encías de herpes y llagas.*

Rejuvenecedor
rábano | limón | zanahoria

Recarga picante
pimiento amarillo | pimiento colorado | chile | espinaca

Recarga picante

Ardiente

Si necesita reponer energías, no busque más y beba este jugo. Si no tolera el picante, dilúyalo con un chorrito de agua mineral sin gas.

1 **pimiento amarillo**
  sin rabillo ni semillas
1 **pimiento rojo**
  sin rabillo ni semillas
1 **chile rojo**
  sin semillas ni membrana
1 **manojo de espinaca**
  sin tallos duros y picada

Extraer el jugo del pimiento amarillo. Extraer el jugo del pimiento rojo y el chile juntos. Finalmente, extraer el jugo de la espinaca y agregar al jugo de los pimientos. Revolver antes de beber.

■ *Los pimientos amarillos y rojos son mucho más dulces que los verdes.*

■ *Los chiles tienen un efecto químico en nuestros organismos: estimulan el apetito y refrescan el cuerpo.*

Hombre de brotes

Picante

En lugar de brotes de alfalfa puede utilizarse berro o cualquier otro tipo de brote picante. Puede incluso probar con rúcula, también es delicioso.

2 **manzanas** descorazonadas
  y cortadas en cuartos
2 troncos de **apio con hojas**
  cortados
1 manojo de **brotes de alfalfa**
1 chorrito de **jugo de limón**
  exprimido

Extraer el jugo de las manzanas, el apio y los brotes. Revolver y agregar el jugo de limón.

■ *Los brotes de alfalfa son uno de los alimentos más completos y ricos en nutrientes.*

■ *Las manzanas son ricas en queratina, un antihistamínico natural que, se cree, reduce el riesgo de ataques de asma.*

Betabeles picantes
betabel | apio | ajo | zanahoria

Betabeles picantes

Picante

Beba este jugo después de su almuerzo, nunca antes. El ajo puede matar una conversación, pero tiene muchas propiedades para ayudar a aliviar el estómago cuando se sufre de indigestión.

2 **betabeles** con hojas
1 tronco de **apio con hojas** cortado
2 **dientes de ajo** pelados
2 **zanahorias** sin sus extremos

Extraer el jugo de todos los ingredientes y combinarlos.

■ *El ajo actúa como un antibiótico natural y ayuda a prevenir resfríos y gripes.*

■ *Asegúrese de incluir las hojas verdes de los betabeles si los consigue. Son especialmente nutritivas y contienen calcio, betacaroteno y hierro.*

Fetiche de Eneldo

Picante

Si usted no es fanático del eneldo, puede aumentar la cantidad de manzana y reducir la de eneldo, lo dejamos en sus manos.

1 **bulbo de eneldo** sin su parte exterior
2 puñados de **berro**
20 **chícharos** picados
1 **manzana** descorazonada y cortada en cuartos

Extraer el jugo de todos los ingredientes a la vez. Revolver hasta mezclar bien.

■ *El eneldo estimula el funcionamiento hepático y ayuda a la digestión.*

■ *El berro ha sido siempre popular desde tiempos remotos; tanto los romanos como los anglosajones comían berro para evitar la calvicie.*

Tango de tamarindo

Penetrante

El tamarindo es también conocido como "tomate de árbol" y tiene un sabor muy inusual y distintivo. Este jugo está basado en una vieja receta de salsa de tamarindo y naranja, y queda riquísimo como bebida también.

1 **naranja** pelada
1 pulpa de **tamarindo**
6 cdas de **yogur vivo**
1 pizca de **canela molida**

Exprimir la naranja. Pasar el jugo a una licuadora y licuar con el tamarindo, el yogur y la canela. Agitar bien antes de beber.

■ *Los tamarindos tienen alto contenido de vitamina C y son una buena fuente de betacaroteno.*

■ *Nueva Zelanda es uno de los mayores productores de tamarindo del mundo. Conocidos anteriormente como 'tomate de árbol', en el año 1967 los productores neozelandeses les dieron un nombre sexy con fines de exportación.*

Mantequilla de Arce

Dulce y áspero

La calabaza de Castilla, un tipo de calabaza de invierno dulce y suave, queda deliciosa rostizada con tomillo y jarabe de arce. Nosotras imaginamos estos sabores en un vaso, *et voilà*, nació una deliciosa bebida.

300 g (10 ½ oz) de **calabaza de Castilla** pelada y picada
1 cdita. de **jarabe de arce**
1 cda. de **hojas de tomillo fresco**
100 ml (3 ½ fl oz) de **leche entera**

Extraer el jugo de la calabaza. Licuar con los ingredientes restantes y beber inmediatamente.

■ *El jarabe de arce se hace reduciendo la savia de los árboles de arce, oriundos de Norteamérica – principalmente Québec, Vermont, Maine, Nueva York y Nueva Escocia.*

■ *La calabaza de Castilla es una calabaza de invierno y dulce, más grande que una pera, pero similar en su forma y muy fácil de pelar.*

Mantequilla de Arce
calabaza de castilla | jarabe de arce | tomillo | leche

Moja la cama

Amargo

Pis-en-lit, que significa "mojar la cama", es como los franceses llaman al diente de león, ¡en alusión a su efectividad diurética!

1 cabeza de **chicoria**
2 **manzanas** descorazonadas
   y cortadas en cuartos
6 hojas de **diente de león**
1 chorrito de **jugo de limón**
exprimido

Extraer el jugo de los tres primeros ingredientes juntos. Agregar el jugo de limón.

■ *Los dientes de león actúan como un tónico hepático al purgar el sistema. Es ideal para beber después del almuerzo ya que también ayuda a la digestión. No es buena idea beber este jugo antes de irse a dormir ya que el efecto diurético de las hojas de diente de león no se toma mucho tiempo para hacer su trabajo.*

■ *A la chicoria también se la conoce como endibia y radicha.*

Sandía Suave

Claro

La sandía produce un delicado jugo, cuyo sabor realzamos para el mediodía con un toque de menta y jengibre.

500 g (1 lb) de **sandía** pelada
1 puñado de **menta fresca**
1 cdita. de **tallo de jengibre**
   (o fresco) picado

Extraer el jugo de la sandía, luego licuar con los restantes ingredientes.

■ *El tallo de jengibre es jengibre pelado que se preserva en almíbar. Una vez abierto, consérvelo en el refrigerador.*

■ *En Juicing for Health (Los jugos son Salud), Caroline Wheater explica que el jugo del melón atraviesa el sistema digestivo muy rápidamente, impidiendo la absorción de otros jugos. Ella sugiere beber el jugo de sandía solo para absorber los beneficios al máximo. Pero para darle más sabor, combínelo.*

Sandía Suave
sandía | menta | jengibre

Terracotta
camote | naranja | plátano

Terracotta

Cremoso

Este espeso jugo, a pesar de su color terroso, engaña a la lengua con un misterioso sabor a fresas.

1 **camote**
  picado
1 **naranja**
  pelada
  y cortada en mitades
1 **plátano**
  pelado

Extraer el jugo del camote y la naranja. Licuar con el plátano.

■ *Los camotes suelen confundirse con los ñames, aunque son más dulces y largos. Saben mejor en pasteles, pisados en puré y cubiertos con azúcar morena, acaramelados en el horno o con jugo de frutas.*

■ *Los camotes son una muy buena fuente de vitaminas A, C, B6 y ácido fólico.*

Ensalada de Huerto

Frío

Si usted logra sobreponerse al color turbio de este jugo podrá comprobar qué buena sabe una ensalada de huerto líquida.

2 troncos de **apio con hojas**
  cortados
2 **tomates**
  sin rabillos
1/4 **pepino**
1 pizca de **pimienta negra**

Extraer el jugo del apio, los tomates y el pepino. Agregar la pimienta y revolver.

■ *Los tomates son ricos en licopeno, antioxidante fotoquímico cuya contribución es importante en la prevención de problemas cardíacos y cáncer.*

■ *La piperina, un componente de los granos de pimienta y de los pimientos jalapeños, es lo que les da ese sabor acre.*

Estigma
apio nabo | apio | azafrán

Estigma

Suave

Un bulbo de apio nabo produce una increíble cantidad de jugo y le agrega maravillosas proteínas al apio. El azafrán cierra el paquete con un sofisticado moño.

½ cabeza de **apio nabo**
  bien lavada y picada
3 troncos de **apio**
  cortados
1 pizca de **azafrán** remojada
  en 1 cdita. de agua caliente

Extraer el jugo del apio nabo, luego del apio y licuar juntos. Agregar el azafrán y su líquido y revolver.

■ *Nunca juzgue a una raíz por su apariencia; el apio nabo puede ser feo, pero es una sabrosa fuente de potasio, vitaminas C y B6, magnesio y hierro. Limpia el organismo y estimula el apetito.*

■ *El azafrán, la más antigua de las especias, es el estigma de la flor del azafrán de primavera, se extrae a mano y se deja secar; de ahí su alto costo. El polvo de azafrán también se consigue, pero no es tan sabroso como el otro.*

Jugo picante

Picante

Hacer jugo de tomates puede ser traumático. A diferencia del color rojo intenso de los productos comprados en la bodega, el jugo de tomate hecho en casa tiene un pálido y turbio color rosa. Pero no desespere, su sabor es fresco e incuestionablemente superior, especialmente con un toque de cebolla y una pizca de picante.

---

6 **tomates**
  sin rabillos
  y divididos en cuartos
2 **cebollinos** picados,
  sin las puntas blancas
1 pizca de salsa **tabasco**
1 tronco de **apio**
  cortado

Extraer el jugo de los tomates. Licuar con los cebollinos. Agregar una pizca de tabasco, para saborizar y servir con un tronco de apio.

■ *Los tomates demasiado maduros no dan buen jugo y generalmente han perdido su sabor. Elija tomates aromáticos y firmes, preferentemente recién arrancados de la tomatera.*

Raita Eléctrica

Suavemente agrio

Existen muchas variaciones de sabor del raita, el tradicional acompañamiento de yogur en la comida hindú. El jugo de pepinos tiene un sabor picante y un color eléctrico, y cuando se combina con lima y yogur, se obtiene un resultado suave pero agrio. Por supuesto, nosotras la hemos diluido un poquito para pasarlo del tazón al vaso.

100g (3 ½ oz) de **pepino** picado en trocitos
3 **hojas de menta**
Jugo de ½ **lima**
100ml (3 ½ fl oz) de **yogur vivo**
1 pizca de **pimienta negra**

Extraer el jugo del pepino. Licuar con los restantes ingredientes, agregando pimienta a gusto.

■ *Los pepinos tienen un alto contenido de agua, que ayuda en la digestión de vitaminas solubles en agua.*

Joyas

Decadente

En el salón de belleza de la tienda Harvey Nichols de Londres, lavan el cabello con jugo de granada; Nigella Lawson las prefiere brillando sobre berenjenas a la parrilla. A nosotras nos gusta beberla; colada, no batida.

---

1 **granada** cortada en mitades y sin semillas
1 **maracuyá** cortar en mitades y extraer la pulpa con una cuchara
3 cdas. de **yogur vivo**

Licuar bien las semillas de granada, luego colar con un colador de malla fina. Agregar la pulpa del maracuyá y el yogur, y revolver.

■ *La piel de la granada es extremadamente amarga; nunca agregue una granada entera en un exprimidor. En su lugar, córtelas en mitades, saque las semillas, licuelas y luego cuele.*

Joyas
granada | maracuyá | yogur

Thai Líquido
zanahoria | cilantro | leche de coco

Thai Líquido

Cremoso

Lamentablemente no podemos servir este jugo al verdadero estilo tailandés (en bolsas de nylon, sobre la calzada), pero si usted cierra los ojos y sorbe, prácticamente está allí.

2 **zanahorias**
   sin sus extremos
1 puñado de **cilantro**
125 ml (4fl oz) de **leche de coco**

Extraer el jugo de las zanahorias. Licuar con el cilantro y la leche de coco.

■ *La leche de coco no es el líquido en el centro del fruto, sino una mezcla de pulpa de coco rallada sin azúcar, calentada con agua o leche sin llegar a hervir, y luego colada. Se puede preparar en casa o comprar enlatada.*

Guinness frutal

Agridulce

Al combinar radicha colorada con jugo de naranja se forma un jugo deliciosamente moreno, casi del color de la cerveza Guinness.

½ cabeza de **radicha**
   picada
3 **naranjas**
   peladas

Extraer el jugo de la radicha, luego de las naranjas. Luego licuarlos juntos.

■ *La radicha es una planta italiana picante, relacionada a la chicoria roja. Puede ser del tamaño de la chicoria o redonda como una lechuga Boston.*

■ *La radicha aporta una enorme cantidad de vitamina C y ácido fólico al vaso de jugo de naranja común. También limpia la sangre y remineraliza el organismo.*

Carmesí Cremoso
betabeles | yogur | semillas de mostaza

Carmesí Cremoso

Vibrante

El jugo del betabel es más vibrante y sabroso que todo él en su versión cocida. Un poco de yogur y un espolvoreo de semillas de mostaza le dan el toque final.

---

2 **betabeles**
   sin sus extremos
100 ml (3 ½ fl oz) de
   yogur vivo
1 cdita. de **semillas de mostaza** más una pizca extra para espolvorear

Extraer el jugo de los betabeles. Licuar con los restantes ingredientes y servir con un espolvoreo de semillas de mostaza encima.

■ *La mostaza se vende en semillas, hojas, aceite y polvo. El componente picante se encuentra en las semillas de mostaza negra, debido a la presencia de mironato.*

■ *Las semillas de mostaza aumentan el apetito y hacen fluir los jugos gástricos.*

Caja de jugo persa

Espectacular

Así es como el padre de mi amigo persa le enseñó a 'beber' granadas. Las granadas crecen prolíficamente en todo Irán y ellos solían arrancarlas de los árboles cuando salían de caminata en familia.

---

1 **granada**

Presione las yemas de sus pulgares contra la piel de la granada, rotando alrededor de toda la fruta. Esto rompe las semillas adentro, liberando su jugo. Cuando la piel está perfectamente masajeada, déle un cuidadoso mordisco a un pedacito pequeño de piel y sorba el delicioso jugo. Cuando ya no haya más jugo, rompa la granada y recoja las semillas que hayan quedado intactas.

■ *A este trago lo llamamos aabeh doug, que, traducido del farsi, idioma del Irán, quiere decir algo así como "fruta exprimible".*

Tres:p.m.

A esta hora los cuerpos se sienten cansados, y mucho. Los recursos se agotan. El almuerzo es una memoria distante, pero el día está aún lejos de acabar. Al llegar a la media tarde, nuestro cuerpo pide con apremio un poco de combustible. Es entonces, que debemos elegir: ¿una solución rápida y temporal o una duradera?

Para el aficionado a los jugos promedio, la solución es muy simple. Unas pocas frutas o verduras líquidas elevarán y mantendrán los niveles de energía, revitalizarán el cuerpo y despejarán la mente. Además, si el almuerzo no es un recuerdo tan distante, limpiarán su paladar. La comida basura y la cafeína, por el otro lado, lo satisfarán rápidamente pero su efecto se desvanecerá tanto o más rápido. La elección es suya. Quienes preferimos el jugo, lo bebemos y nos despertamos.

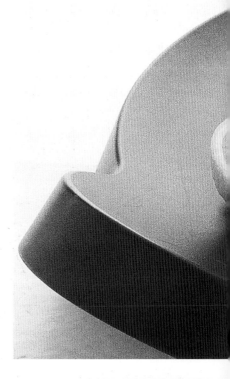

Bebidas energizantes

Sueño de coco
fresa | plátano | leche de coco

Sueño de coco

Exuberante

El sueño de los amantes de las fresas y el coco. Imagine que se encuentra en la playa durante un templado atardecer de verano.

---

2 puñados de **fresas**
   sin rabillos
1 **plátano** pelado
2 cdas. de **leche de coco**
4 **cubos de hielo**

Extraer el jugo de las fresas. Pasar el jugo a una licuadora con el plátano, la leche de coco y el hielo. Licuar bien. Finalmente, servir con un trozo de coco recién pelado, si así lo desea.

■ *Las fresas son fuente del súper nutriente (el ácido elágico) y de vitamina C. Estos no solo protegen el recubrimiento de los pulmones sino que también combaten los radicales libres.*

■ *Para lograr una alternativa aún más saludable, utilice 2 cucharas de Tofu sedoso para reemplazar la leche de coco.*

Cargador

Dulzura solar

Los dátiles son un alimento de alto contenido energético. Son el fruto de la palmera, una planta que en muchos lugares del mundo es un importante sustento para la vida.

---

1 **manzana** descorazonada
   y en cuartos
1 chorrito de **jugo de un limón**
exprimido
1 **plátano** pelado
6 **dátiles** deshidratados
   y deshuesados
4 cdas. de **yogur vivo**

Extraer el jugo de la manzana. Luego, pasar el jugo a una licuadora y agregar el resto de los ingredientes. Licuar bien.

■ *Los dátiles tienen un alto contenido de azúcares naturales, por lo tanto proveen una gran cantidad de energía.*

■ *Los plátanos maduros tienen una índice de carga glicérica naturalmente más alta. Esto significa que contienen azucares rápidamente absorbidos para un reemplazo rápido de energía.*

Lassi real

Cremoso

Este es un suave (terso) súper espeso tomado del tradicional lassi de la India.

---

1 **plátano**
pelado
½ **mango**
pelado y deshuesado
6 cdas. de **leche de soya** fría
10 gotas de **jalea real**
4 **cubos de hielo**

Colocar todos los ingredientes en la licuadora y licuar bien.

■ *La jalea real es el único alimento del que se alimenta la reina abeja. Debido a que la abeja reina vive mucho más que sus obreras (3-5 años contra 6-8 semanas) se cree que la jalea real contiene muchos beneficios.*

■ *La leche de soya se asemeja mucho a la leche de vaca en color y consistencia, pero se produce completamente de grano de soya.*

Recarga de zanahoria

Vigoroso

La spirulina es un estimulante energético que ayuda a la recuperación después de ejercitar y a reponer la reserva de nutrientes de su cuerpo.

---

3 **zanahorias**
sin sus extremos
1 **naranja** pelada
2 cditas. de **spirulina en polvo**
1 cdita. de **semillas de sésamo**

Extraer el jugo de las zanahorias y la naranja. Revolver mientras agrega la spirulina y las semillas de sésamo.

■ *La spirulina es un tipo de alga que contiene una gran variedad de nutrientes, entre ellos hierro, betacaroteno y vitamina B12.*

■ *Las semillas de sésamo son una excelente fuente de ácidos linóleos. Además, contienen muchas proteínas y calcio.*

Recarga de zanahoria
zanahoria | naranja | spirulina | semillas de sésamo

Dulce rojo
frambuesa | arándano | limoncillo | licor de saúco | agua

Dulce rojo

Llenador

Esta bebida es una fusión de sabores provenientes de diferentes lugares del mundo.

---

2 puñados de **frambuesas** (frescas/congeladas)
2 puñados de **arándanos** (frescos/congelados)
½ tronco de **limoncillo** cortado y picado
1 cda. de **licor de saúco**
175 ml (6 fl oz) de **agua mineral** (con o sin gas)

Extraer el jugo de las frambuesas, los arándanos y el limoncillo juntos. Diluir el licor de saúco en el agua utilizando un vaso. Agregar el licor sobre el jugo de bayas mientras revuelve.

■ *Los arándanos son a menudo utilizados para prevenir o tratar infecciones en el tracto urinario.*

■ *El lemoncillo es de origen asiático y también se lo llama citronella, la cual generalmente se utiliza para repeler mosquitos.*

Uno

Precalentamiento

Una de cada mil son las ocasiones en que estamos preparando un jugo y el refrigerador está lleno. Sin importar la madurez o variedad de las frutas, esto es una combinación de "uno" que no falla.

---

1 **zanahoria** sin sus extremos
1 **naranja** pelada
1 **manzana** grande descorazonada y en cuartos
2 cditas. de **jengibre picado grueso**

Extraer el jugo de la zanahoria, la manzana y la naranja juntas. Licuar con el jengibre, luego colar para quitar cualquier trozo fibroso de jengibre remanente.

■ *El jengibre es una especia calmante y que eleva la temperatura corporal, perfecta para esas tardes casi perfectas. Además, estimula la circulación, alivia dolores y molestias, y ayuda a aliviar resfriados.*

Golpe de Poder
espinaca | apio | ajo | pimienta de cayena | agua sin gas

Golpe de poder

Fuerte

Asegúrese de lavar bien su exprimidor después de preparar este jugo, de lo contrario su fuerte aroma persistirá.

2 manojos de **espinacas** picadas sin troncos duros
2 troncos de **apio con hojas** cortados
1 **diente de ajo** pelado
1 pizca de **pimienta de cayena**
150 ml (5 fl oz) de **agua mineral sin gas**

Extraer el jugo de la espinaca, el apio y el ajo. Agregar la pimienta de cayena y el agua mineral y revolver.

■ *La pimienta de cayena ayuda a mejorar la circulación.*

■ *La espinaca contiene grandes cantidades de antioxidantes betacaroteno y luteína carotenoide, lo cual ayuda a conservar la salud de sus ojos.*

Gusto de melocotón

Sedoso

El melocotón y la fresa son las frutas del verano. Cuando estas frutas estén suculentas, este jugo ¡es maravilloso!

2 **melocotones** deshuesados
1 puñado de **fresas** sin rabillos
1 **plátano** pelado
1 cda. de **aceite de lino**
3 **cubos de hielo**

Extraer el jugo de los melocotones y las fresas. Pasar el jugo a una licuadora y agregar el resto de los ingredientes. Licuar cuidadosamente hasta que los cubos de hielo queden molidos.

■ *El aceite de lino es la fuente más rica de ácido alfa-linolénico (ácido graso esencial omega-3). Una vez ingerido, este aceite puede ser convertido en ácidos grasos EPA y DHA, que son los ácidos presentes en los aceites de pescado. Esto lo hace ideal para quienes no comen pescado.*

Dulce debilidad
Refrescante

No hay nada que se compare a un vaso helado de dulzura pura por las tardes para abrir los ojos y reavivar el espíritu.

1 puñado de **cerezas frescas** deshuesadas y sin rabillos
1 puñado de **frambuesas frescas**
4 **cubos de hielo**

Licuar todos los ingredientes juntos.

■ *Tanto las cerezas como las frambuesas pueden ser congeladas por más de 8 meses en recipientes herméticos. Sólo recuerde reducir la cantidad de cubos de hielo, si utiliza estas frutas congeladas.*

■ *Las frambuesas y las cerezas son ricas tanto en betacaroteno como en vitamina C y calcio.*

■ *Para deshuesar las cerezas córtelas por la mitad y quite el carozo o invierta en un deshuesador manual de cerezas. Sin duda es complicado, pero vale la pena.*

Estimulante
Ácido

Una ácida explosión cítrica para estimularle a la hora de la siesta.

2 **naranjas** peladas
8 **hojas de menta**
1 **lima** pelada
1 **maracuyá** en mitades y extraer la pulpa con una cuchara

Extraer el jugo de las naranjas, la menta y la lima juntas. Agregar la pulpa del maracuyá y revolver. Servir con un ramito de menta.

■ *Se necesitan más de 100 maracuyás para hacer 1 litro (1 3/4 pt) de jugo; un costoso manjar si se quiere evitar las semillas.*

■ *Las limas comparadas gramo a gramo con un limón son una vez y media más ácidas.*

Fresa güera
piña | fresa | naranja

Coral
manzana | frambuesa | fresa | ginseng

Coral

Suave

Un jugo suave y adorable de colores tranquilizantes; un sabor dulce y delicado que con el agregado de un poco de ginseng se convierte en una excelente fuente de fuerza y vigor.

---

2 **manzanas** descorazonadas
   y en cuartos
1 puñado de **frambuesas**
1 puñado de **fresas**
   sin rabillos
10 gotas de **extracto** de
   ginseng Panax

Extraer el jugo de las manzanas. Licuar las frambuesas y las fresas. Agregar el extracto de ginseng y revolver.

■ *Las frambuesas y las fresas fuera de estación están a menudo sobrevaluadas, son de tamaño más grande y tienen menos sabor. Es aconsejable comprarlas en cantidad cuando están frescas y congelarlas en bolsas herméticas.*

■ *El ginseng ayuda a fortalecer el cuerpo, especialmente cuando ha estado bajo estrés. Muchas culturas lo han considerado una panacea durante muchas generaciones.*

Lanzamisiles (Rocket launcher)

Dulzura condimentada

Otra bebida energizante, un tanto dulce, un tanto picante, un tanto oscura y un tanto liviana, que si bien es difícil de describir es una bebida deliciosa para la hora de la siesta. Le encantará.

---

1 puñado de **rúcula**
2 **zanahorias**
   sin sus extremos

Extraer el jugo de la rúcula y luego de las zanahorias. Licuarlos juntos.

■ *La rúcula, como muchos vegetales verdes, produce poco jugo pero altamente concentrado. Esto le da un toque picante a los jugos dulces, como el de la zanahoria.*

■ *La rúcula, también conocida como roqueta o arúgula, está relacionada con el berro, la mostaza, y el rábano, de allí su sabor picante.*

Néctar Toscano

Fresco

Este preparado tiene una nota terrosa en el fondo, una dulce en el centro y una sabor a limón en la capa superior.

2 puñados (aprox. 30)
   de **uvas sin semillas**
2 **higos frescos**
   sin rabillos y cortados por la mitad
Jugo de ½ **limón**

Extraer el jugo de las uvas, y luego de los higos. Revolver y agregar el jugo de limón.

■ *En esta receta pueden utilizarse tanto uvas verdes como negras. Las uvas producen un jugo espeso y antioxidante que favorece al sistema inmunológico, desintoxica el hígado y limpia la piel.*

■ *Los higos son el mejor alimento para cualquiera que sufra de constipación, indigestión o anemia.*

Kiwi

Ácido

Intente comprar Kiwi "Zespri" de Nueva Zelanda siempre que le sea posible para obtener un sabor superior. Este jugo es un paraíso verde cremoso y pulposo.

2 **kiwis** pelados
   y cortados en mitades
2 **manzanas**
   descorazonadas
   y en cuartos
6 **hojas de diente de león**

Extraer el jugo de todos los ingredientes a la vez.

■ *Las manzanas tienen un índice glicérico bajo y controlan los retorcijones por más tiempo que muchas otras frutas.*

■ *El Kiwi contiene actinidina, una encima que ayuda a la digestión.*

Néctar Toscano
uva | higo | limón

Goggles
zanahoria | apio | eneldo

Goggles

Regaliz salado

Una bebida un tanto salada que no sólo ayuda a limpiar su organismo, sino que también animará su tarde, mejorará su visión y lo prepara para la noche que se acerca...

1 **zanahoria**
 sin sus extremos y cortada
2 troncos de **apio**
 cortados
1 **bulbo de eneldo** pequeño cortado en mitades y sin hojas

Extraer el jugo de la zanahoria, el apio y el eneldo juntos. Revolver.

■ *El jugo del eneldo es de sabor y aroma vibrante. Es un maravilloso diurético que ayuda a limpiar su organismo, por lo cual debe beber este jugo en lugares estratégicos.*

■ *El apio tiene un gusto salado que le da vida a muchos jugos vegetales.*

Explosivo

Áspero

Una cucharada de rábano picante le brinda a esta rica mezcla de dulzura energizante un fantástico golpe explosivo.

2 **betabeles**
 sin sus extremos
2 **zanahorias**
 sin sus extremos
½ cdita. de **crema de rábano picante**

Extraer el jugo de los betabeles y las zanahorias por separado. Mezclar los jugos y revolver agregando rábano picante a gusto.

■ *El rábano picante tiene una raíz gruesa, picante y acre que asemeja a una chirivia. Debajo de su áspera piel su interior es suave y blanco y contiene un aceite esencial similar al de la mostaza, lo que explica su picante sabor.*

■ *Los marineros ingleses solían comer rábanos picantes en el mar para evitar el escorbuto. Algo inteligente, si consideramos que el rábano picante tiene más vitamina C que las naranjas.*

Dulce Fortificación
nectarina | melocotón | fresa | echinacea

Dulce Fortificación

Fresco

Beber este jugo hace que uno se pregunte cómo puede alguien comprar mezclas ya preparadas.

2 **nectarinas** cortadas
  por la mitad y deshuesadas
1 **melocotón** cortado
  por la mitad y deshuesado
5 **fresas** sin rabillos
5 gotas de **extracto de echinacea**

Extraer el jugo de las nectarinas y el melocotón juntos. Licuarlos con las fresas y la echinacea.

■ *La echinacea ayuda al sistema inmunológico y protege contra potenciales resfríos y gripes. Es más efectivo beberlo ante los primeros síntomas.*

■ *Los melocotones y las nectarinas son muy perecederos, por eso se recolectan cuando aún no están maduros. Es conveniente buscar frutas no demasiado duras.*

Frenesí de Guayaba

Cremoso

El aroma y sabor de las guayabas brasileras, cuando se las ingiere directamente del árbol, me recuerdan vívidamente a mi niñez; extraer su jugo es un nuevo mundo que vale la pena descubrir.

2 **guayabas** brasileras peladas
1 **manzana**
  descorazonada y en cuartos
4 **guayabas** peladas
1 chorrito de **jugo de limón** exprimido

Extraer el jugo de las guayabas brasileras, la manzana y las guayabas juntas, y agregar el chorrito de jugo de limón.

■ *Las guayabas brasileras crecen abundantemente en Nueva Zelanda y son una buena fuente de vitamina C.*

■ *Las guayabas son una excelente fuente de fibra soluble.*

Cinco:p.m.

Adiós día, bienvenida noche. Éste es ese momento especial cuando su vaso de jugo deja atrás todo conservadurismo y se calza los tacones altos. Es el momento de sacar las copas de cristal, las cocteleras y los vasos de tragos. Es la hora del cóctel, y usted cuenta con un exprimidor.

A continuación presentamos nuestros cócteles sin alcohol favoritos. Ha escuchado bien, un cóctel sin alcohol no es un oxímoron, pues la palabra "cóctel" significa una mezcla de bebidas, aunque en la actualidad estas mezclas invariablemente incluyan alcohol. Esto no es ninguna sorpresa, ya que el alcohol nos hace sentir bien al sedar la parte del cerebro que mantiene nuestro comportamiento bajo control. Pero, ¿quién necesita un sedante cuando se licua lichis con granadina y menta? ¿O qué hay de un vaso de maracuyá suspendida sobre un baño de espumoso melocotón? En momentos como esos preferimos mantener todas nuestras facultades. Se puede, desde luego, agregar alcohol a cada una de estas bebidas si necesita relajarse. Pero, un consejo: el alcohol es como la criptonita, inutiliza los superpoderes nutricionales del jugo fresco, y disminuye sus beneficios, aunque no afecte su sabor.

Malibu cooler
piña | almendra | leche de coco

Melocotón apasionado
melocotón | menta | lima | maracuyá

Sabor azul

Sabroso

Un jugo oscuro y temperamental para las reuniones de cócteles más sofisticadas.

---

1 **naranja**
pelada
3 puñados de **arándanos**
1 **manzana**
descorazonada y en cuartos
2 pizcas de **nuez moscada**
molida
1 pizca de **canela molida**

Extraer el jugo de la naranja, los arándanos y la manzana. Agregar la nuez moscada y la canela, y revolver.

■ *La nuez moscada en exceso es alucinógena, pero una pequeña pizca en una bebida es un relajante muy útil.*

■ *Los arándanos por su parte contienen antocianósidos; pigmentos antibacterianos que tienen un efecto beneficioso en los vasos sanguíneos y el tratamiento de las várices.*

Sabor azul

naranja | arándano | manzana
nuez moscada | canela

Virgen María

Picante

Este cóctel puede rápidamente transformarse en un "Bloody Mary" con sólo agregar una medida de su vodka favorito.

1 **tomate** grande
   cortado por la mitad
2 troncos de **apio**
   cortados y picados
1 chorrito de **salsa**
Worcestershire
1 pizca de **sal marina**
1 pizca de **pimienta negra**
1 tronco de **apio**
   con abundantes hojas
   para decorar

Extraer el jugo del tomate y luego el del apio. Combinar y revolver. Agregar los ingredientes restantes. Adornar con un tronco de apio con abundantes hojas y servir inmediatamente, antes que el jugo de tomate se separe.

■ *La sal marina es un cristal de sal que se obtiene de cribar las sales del mar. Es más salada que la sal común*

■ *La salsa Worcestershire es una mezcla de vinagre de malta, melaza, anchoas, tamarindo, cebollas, ajos y especias que le agregará un sabor picante a los jugos vegetales.*

Brisa de verano

Sazonado

Inspirado en las paletas heladas mexicanas, donde se mezclan el jugo de fruta con chiles. La dulce pulpa del melón honeydew acompaña perfectamente al chile en una bebida dulce, estimulante y refrescante.

¼ de **melón honeydew**
   pelado y picado
2–3 **cubos de hielo**
½ cdita. de **chile deshidratado**

Extraer el jugo del melón. Licuarlo con los cubos de hielo, agregar el chile y revolver.

■ *El melón honeydew es un melón de invierno. Este tipo de melones son ligeramente alargados y se conservan por más tiempo. El melón honeydew es de cáscara amarilla y lisa, y pulpa dulce y verde.*

■ *El pimiento chile es la panacea perfecta; ayuda a la digestión, estimula la circulación, mata las bacterias, descongestiona, previene las úlceras y alivia dolores.*

Lozanía de mango
mango | limoncillos | jengibre | manzana

Rosado

Dulce

Esta elegante bebida tiene un sabor delicado y dulce.

1 **melocotón**
cortado por la mitad
y sin semillas
¼ de pulpa de **sandía**
6 **hojas de menta**
1 chorrito de **agua de rosas**
3 **cubos de hielo**

Extraer el jugo del melocotón, la sandía y la menta juntos. Agregar el agua de rosas y servir sobre el hielo inmediatamente, con un ramito de menta y pétalos de rosa.

■ *El agua de rosas es la esencia natural de las rosas y consiste simplemente en agua aromatizada con pétalos de rosa.*

■ *No hay necesidad de quitar las semillas de la sandía antes de extraer el jugo. De hecho, los chinos son particularmente adeptos a comerlas.*

Rosado

melocotón | sandía
menta | agua de rosas

Rojo perlado

Floral

Una mezcla donde se permite el lichi enlatado y es suficiente con arándanos congelados. El cóctel perfecto para comprar preparado.

---

1 puñado de **arándanos**
8 **lichis** pelados
2–3 **cubos de hielo**

Extraer el jugo de los arándanos. Licuar con los lichis y el hielo.

■ *El lichi es un pequeño fruto redondo con una delgada cáscara rojiza y pulpa comestible blanca perlada. Su sabor es similar al de la rosa, la fresa y la uva muscatela.*

■ *Los lichis son sensibles a las temperaturas bajas y muy perecederos, por ello en ocasiones es necesario consumirlos enlatados.*

Fragancia Celestial

Sedoso

"Esa es la magia de las fragancias florales… cuando uno los saborea, el sabor lo elude, como si se estuviera comiendo un trozo de algún lugar que no existiera, o la memoria de algo que bien pudo nunca haber ocurrido…". Diana Henry, *Crazy Water Pickled Lemmons*.

---

8 **lichis**
   pelados
1 cdita. de **agua de rosas**
2–3 **cubos de hielo**
1 cdita. de **granadina**

Licuar los lichis junto con el agua de rosa y el hielo. Agregar la granadina.

■ *La granadina es un jarabe dulce y de color rojo intenso, saborizado con granada y que se utiliza para dar color y sabor a postres y bebidas. Originalmente, la granadina fue fabricada de la Granada cultivada en la isla de Granada en el Caribe. Sin embargo, en la actualidad se utilizan para hacer este jarabe los concentrados de jugo de otras frutas.*

Fragancia Celestial
lichi | agua de rosas | granadina

Mosto de Fresa
fresa | vinagre balsámico | nata | miel

Mosto de Fresa

Placentero

Muchos entrecejos pueden fruncirse mientras agrega con destreza un chorrito de vinagre balsámico en su vaso de tragos; pocos saben que es decadencia lo que está sirviendo en el vaso.

---

2 puñados de **fresas** sin rabillos
2 cditas. de **vinagre balsámico**
75 ml (3 fl oz) de **nata**
Miel al gusto
1–2 **cubos de hielo**

Licuar las fresas. Agregar el vinagre balsámico, la nata y la miel a gusto. Servir sobre hielo.

■ *El verdadero vinagre balsámico se origina en Módena y Regio, en Italia Compre el vinagre balsámico más caro que pueda pagar y utilícelo con moderación.*

■ *La nata es una capa espesa que se eleva hasta la parte superior de la leche no homogeneizada. Es generalmente un "nunca jamás" en cualquier dieta que respete la salud, pero, admitámoslo, todo con moderación, ¿no es verdad?*

Cydonia

Suave

¿El membrillo luce como una manzana mutada o acaso una pera mutada? De cualquier modo, su jugo es la hermosa mezcla de ambas, y se complementa perfectamente con una gran variedad de jugos.

---

1 **melocotón** cortado por la mitad y sin hueso
1 **membrillo** pelado y sin semillas
¼ de pulpa de **sandía**

Extraer el jugo del melocotón, el membrillo y la sandía. Revolver hasta mezclar.

■ *Si no tiene un membrillo a su alcance, puede sustituirlo con una pera o manzana grande.*

■ *Los membrillos eran cultivados en el Levante y el Sureste Europeo mucho antes que las manzanas. En los últimos 2.000 años ha recibido muchos nombres: los griegos lo llamaron Cydonia y los romanos Melimelum (Manzana de Miel), lo que deja entrever que era una fruta predestinada a las conservas.*

Nueve:p.m.

Algunos dicen que es mejor terminar con un nuevo principio. Por lo tanto, prepare su exprimidor, su licuadora, su prensa de cítricos, y una tetera una última vez y prepárese un elixir nocturno. Las mezclas que prepare pueden resultar ser una bebida reconfortante, plenas de sabores favoritos, relacionados con momentos inolvidables, como por ejemplo la lavanda en infusión de leche o el licuado de manzanilla y jengibre que le preparaban sus padres para arrullar su descanso. Si lo que busca es algo que calme su estómago, entonces quizás deba considerar un chorrito de eneldo con una pizca de jengibre. Pero repetimos, no todos quieren ir a dormir temprano. Es aquí donde los seductores poderes de la nuez moscada y la vainilla entran en acción. Sin importar el humor en el que se encuentre cada noche, habrá una bebida para usted. Sin embargo, antes de beber el primer sorbo, llene el fregadero con agua caliente, cálcese los guantes de goma y lave su exprimidor, licuadora, jarro y batidor. Aproveche este momento, porque no existe nada peor que la pulpa reseca en la mañana.

Tiempo de relax

Pastel de Zarzamora
zarzamora | manzana | canela

Tónico de Tomate
tomate | ajo | salvia | miel

Antigripal

Fuerte

Combata cualquier potencial resfriado con esta bebida relajante cargada de vitamina C. También puede prepararse utilizando té caliente en lugar de frío.

2 **limones**
   pelados
1 cm (1/3 pulg) de **jengibre fresco**
   pelado
200 ml (7 fl oz) de **té de manzanilla** frío

Exprimir los limones y el jengibre juntos. Agregar el té de manzanilla y revolver.

■ *La manzanilla es un diurético natural, así que intente no tomar este jugo antes de ir a dormir.*

■ *Los limones contienen ácido linólico, el cual ayuda a prevenir el cáncer.*

Antigripal

limón | jengibre
té de manzanilla

Dosis de higos

Vainilla

Un suave de exquisito y aromático para los amantes de las vainillas y el higo, un placer a la hora de irse a dormir.

1 **naranja** pelada
2 **higos frescos**
   sin tabillo
   y cortado por la mitad
1 **vaina de vainilla**
   extraer las semillas con una cuchara
6 cdas. de **yogur vivo**
2 cditas. de **miel**

Exprimir la naranja. Pasar el jugo a una licuadora y licuar con el resto de los ingredientes (utilice sólo las semillas de vainillas y descarte la vaina o déjela en un recipiente con azúcar impalpable y póngale a su postres sabor a vainilla).

■ *La vainilla posee propiedades afrodisíacas. De hecho, a menudo se utiliza como perfume para seducir.*

■ *Los higos son buenos para aliviar la indigestión después de una gran comida.*

Dosis de higos
naranja | higo
vainilla | yogur | miel

Maravilla de Arce
ciruela | canela | yogur | jarabe de arce

Perfección del Pacífico
piña | mango | maracuyá

Salvia cítrica

Herbal

En la edad media la salvia era considerada una medicina, pues se decía que poseía poderes de restauración. De hecho, aún hoy esto puede ser verdad.

2 naranjas
  peladas
1 limón
  pelado
6 hojas de salvia
4 cubos de hielo

Extraer el jugo de las naranjas, el limón y la salvia juntos. Servir con hielo.

■ *La salvia es una hierba con propiedades relajantes y ha demostrado reducir los calores durante la menopausia.*

■ *Los cítricos constituyen el tercer grupo más popular de frutas, detrás de las manzanas y las peras, y los plátanos, medido en cantidad de producción y consumo.*

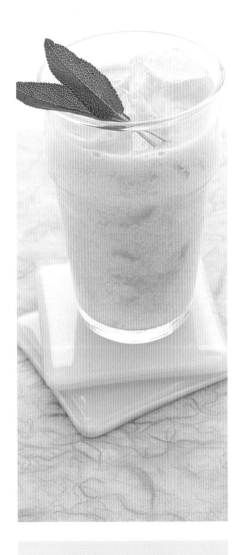

Salvia cítrica
naranja | limón
salvia

Leche de azafrán

Aromático

El color amarillento y el aromático sabor característicos del azafrán le dan un toque especial a esta cremosa combinación de plátano y leche.

Pizca de **azafrán** remojada en 1 cdita. de **agua caliente**
1 **plátano** pelado
125 ml (4 fl oz) de **leche entera**

Licuar todos los ingredientes.

■ *El azafrán ayuda a la digestión y alivia flatulencias.*

■ *La leche entera contiene aproximadamente 3,5% de grasa, mientras que las leches semi-desnatadas o desnatadas contienen entre 1-2 % de grasa. Estas últimas, sin embargo, no poseen la tentadora riqueza de la anterior.*

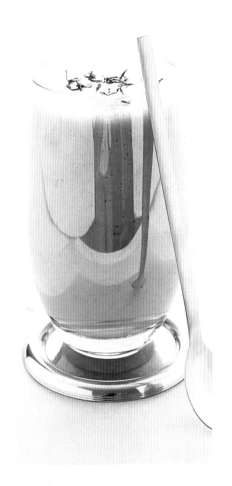

Leche de azafrán

azafrán
plátano | leche

Aromaterapia

Aromático

La lavanda mezclada con los atributos de la leche y la miel le calmará, relajará y arrullará hasta el ensueño.

250ml (8 fl oz) de **leche entera**
1 cdita. de **miel**
1 cdita. de **semillas de lavanda**

En una cacerola, y a fuego lento, calentar con cuidado la leche, la miel y la lavanda. Luego colar.

■ *El vocablo lavanda tiene su origen en el latín lavare que significa "lavar", de ahí su popularidad como fragancia para jabones, champúes y bolsitas perfumadas. Sin embargo, esta planta es también un remedio natural que ayuda a curar el insomnio, la ansiedad y los cambios bruscos de humor.*

■ *Los venados odian el fuerte olor de la lavanda. Por lo tanto, los arbustos de lavanda de su jardín protegerán sus rosas de estos animales. Esto, desde luego, si tiene la suerte de tener rosas o venados.*

Pareja Perfecta

Celestial

Las peras y los piñones hacen una hermosa pareja y sus jugos una armoniosa mezcla.

2 **peras** descorazonadas y en mitades
1 cda. de **piñones** tostados

Extraer el jugo de las peras. Licuar con los piñones tostados.

■ *Tostar los piñones, o cualquier fruto seco, antes de utilizarlos en una receta incrementará su sabor. Puede tostarlos en una cacerola caliente o brevemente en el grill.*

■ *Los piñones que se encuentran en las escamas de las piñas son producidos por varios tipos de pinos. La mayoría de ellos se encuentran en el sur de Europa, principalmente Italia y Francia. Una piña de gran tamaño puede dar hasta 100 semillas.*

Pareja Perfecta
pera | piñón

Capullo Naranja

chabacano | melocotón | agua de azahar

Capullo Naranja

Aromático

Este jugo de fruta tiene un verdadero toque del Medio Oriente: el agua de azahar es muy común en estos países y a veces se usa para saborizar el café turco. Turquía es también una de las principales regiones de cultivo del Chabacano.

2 **chabacanos** cortados por la mitad y descorazonados
2 **melocotones** cortados por la mitad y descorazonados
1 chorrito de **agua de azahar**

Extraer el jugo de los chabacanos y melocotones juntos. Agregar el chorrito de agua de azahar y revolver.

■ *El agua de flor de naranjo se conoce también como agua de azahar. Esta agua es el producto de la destilación de la flor del naranjo amargo. Puede beberse con agua y azúcar como una bebida relajante para antes de ir a dormir.*

■ *El chabacano es uno de los mejores recursos naturales de vitamina A, la cual es vital para tener la piel y las membranas mucosas saludables.*

Prunus doméstica

Suave

Un gusto espeso y suavemente dulce para la hora de ir a dormir.

2 **ciruelas** descorazonadas y cortadas por la mitad
1 **plátano** pelado
200 ml (7 fl oz) de **leche de soya**

Extraer el jugo de las ciruelas. Licuar con los plátanos y la leche de soya.

■ *Las ciruelas son mejores a finales del verano, cuando están recién recolectadas. Fuera de estación, se pueden sustituir con jícaros de verano o invierno.*

■ *La ciruelas varían en colores que van desde el carmesí y el púrpura hasta el amarillo verdoso. La ciruela damascena es una variedad de piel azul con un sabor ácido puede ser suavizado con un chorrito de miel.*

Barriga delicada

Regaliz

El eneldo y el jengibre son lo mejor para aliviar el estómago. Pero, tenga cuidado, pues el jugo de eneldo es muy potente. Agregar lentamente hasta alcanzar el equilibrio del anís.

$\frac{1}{2}$ **eneldo**
sin su parte exterior

2 **manzanas**
cortadas por la mitad y descorazonadas

1 pizca de **jengibre molido**

Extraer el jugo del eneldo y las manzanas por separado. Agregar el jugo eneldo al de las manzanas a gusto. Espolvorear el jengibre y revolver.

■ *El eneldo, también conocido como eneldo de Florencia, se parece a una cabeza de apio gruesa y rechoncha, pero su sabor característico lo diferencia.*

■ *El eneldo alivia los ácidos estomacales, las flatulencias, el dolor de estómago y las náuseas. Es, además, una excelente fuente de potasio y contiene vitamina C, ácido fólico, magnesio y fósforo.*

Barriga delicada
eneldo | manzana
jengibre

Ciudad de Cítricos

Ácido

¿Acaso no puede decidir cuál es su cítrico favorito? No se preocupe, extraiga el jugo de todos.

1 **toronja**
   pelada
1 **naranja**
   pelada
Jugo de ½ **limón**
Jugo de ½ **lima**

Exprimir la toronja, la naranja, el limón y la lima. Revolver.

■ *El tejido fibroso entre la cáscara y la pulpa de las frutas cítricas contiene pectina y bioflavonoides que agregan a la mezcla una gran cantidad de antioxidantes.*

■ *La mayoría de los cítricos son exprimibles, excepto la Naranja de Sevilla. Estas últimas se usan para salsas, estofados y mermeladas.*

Ciudad de Cítricos
toronja | naranja
limón | lima

Reposo
uva | papaya | limón

Milagro Magenta

Con pulpa

Es necesario acostumbrarse a la textura pulposa y al sabor inusual de este trago. Le recomendamos no beberlo de prisa y ni en demasía ya que puede ocasionar molestias antisociales.

1 **col morada pequeña**
  sin las hojas exteriores
¼ **lechuga iceberg**
  sin las hojas exteriores

Extraer el jugo de ambos ingredientes juntos.

■ *La col contiene compuestos sulfurados que ayudan a eliminar las toxinas y tienen un efecto antioxidante.*

■ *La lechuga pertenece a una gran familia denominada Compositae, que incluye especies de cultivo como la chicoria y diferentes plantas salvajes cuyas hojas son comestibles, por ej. las hojas de diente de león.*

Milagro Magenta
col morada

lechuga iceberg

Deliciosas frutas del Bosque

Fuerte

Este jugo es un excelente tónico depurativo antioxidante que favorece el sistema inmunológico. ¿Qué más se puede pedir?

1 puñado de **fresas** sin rabillos
2 puñados de **frambuesas**
2 puñados de **pasto de trigo** enjuagado y picado
4 **cubos de hielo**

Extraer el jugo de las fresas, las frambuesas y el pasto de trigo. Pasar el jugo a una licuadora y licuar con el hielo.

■ *Las frambuesas son una de las frutas con mayor cantidad de fibra.*

■ *Las fresas son una excelente fuente de vitamina C. Un puñado contiene aproximadamente el doble de la ingesta diaria de nutrientes (IDN) recomendada para adultos (77 mg).*

Deliciosas Frutas del Bosque

fresa | frambuesa
pasto de trigo

Cascada

Dulce

Uno de los jugos más fáciles de preparar y, en nuestra opinión, uno de los mejores.

¼ de **sandía**
   sólo la pulpa y semillas
1 **lima**
   pelada

Extraer el jugo de la sandía y la lima.

■ *La sandía, además de ser un excelente depurativo, contiene licopeno y beta-caroteno. Sus semillas tienen un alto valor nutritivo y contienen una importante cantidad de minerales tales como zinc y selenio.*

■ *Si se consumen por la mañana (en ayunas) los ácidos de las frutas resultan desintoxicantes muy efectivos.*

Cascada
sandía
lima

Gloria de Jengibre

Picante

Este simple preparado de pera, uva y jengibre vale su peso en oro. Pruébelo, el delicioso sabor de este jugo le sorprenderá.

2 **peras** descorazonadas y en cuartos

2 cm (³/₄ pulg) de **jengibre fresco** pelado

1 racimo de **uvas blancas** sin rabillos

Extraer el jugo de las peras, el jengibre y las uvas.

■ *El jengibre contiene poderosos aceites volátiles (zingiberene y gingerol) que actúan como depurativos suaves.*

■ *Las uvas tienen propiedades laxativas y son muy útiles en casos de constipación.*

Gloria de Jengibre
pera | jengibre
uva

Rojo
chicoria | zanahoria | pimiento rojo

Rojo

Fuerte

Este trío de bienestar depurará su organismo, al mismo tiempo que aportará una buena dosis de energía a su cuerpo y fortalecerá su vista.

1 cabeza de **chicoria**
1 **zanahoria**
 sin sus extremos y picada
1 **pimiento rojo**
 sin rabillo ni semillas y picado

Extraer el jugo de la chicoria, la zanahoria y el pimiento rojo juntos. Revolver.

■ *La chicoria es un excelente depurador de la sangre y el hígado. Además contiene altas cantidades de betacaroteno, lo cual fortalece la vista. Dado que produce un jugo de sabor amargo, aconsejamos mezclarlo siempre con otros jugos.*

■ *El jugo de pimiento rojo es sorprendentemente suave. Estimula la circulación y la digestión, esenciales para el proceso de depuración.*

Fiebre Picante

Áspero

Si su hígado necesita un poco de cuidado y atención, éste es el trago para usted.

3 **betabeles con hojas**
1 **manzana**
 descorazonada y en cuartos
1 pizca de **pimienta de cayena**
5 gotas de **extracto de cardo mariano**

Extraer el jugo de los betabeles y la manzana juntos. Agregar la pimienta de cayena y el extracto de cardo mariano, y revolver.

■ *El cardo mariano ayuda a proteger y fortalecer las células del hígado; es muy útil en casos de hepatitis, ictericia y abuso de alcohol.*

■ *La pimienta de cayena es una especia con un sabor muy fuerte. Proviene de las semillas del chile.*

Depurador

Cremoso

Un depurador cremoso con un delicado sabor dulce y unas gotas de menta.

¼ (200 g/7 oz) de **pepino** picado
1 **manzana** descorazonada y picada
4 **hojas de menta**

Extraer el jugo del pepino, la manzana y la menta. Revolver.

■ *El pepino es uno de los mejores depurativos vegetales. Tiene propiedades diuréticas y laxativas. Además mejora la piel y fortalece los cabellos y las uñas.*

■ *Incluso un pequeño trozo de pepino espesa los jugos, como si se estuviera utilizando lácteos. Ideal para aquellos que tienen problemas con los productos lácteos.*

Depurador
pepino | manzana
menta

Día de Huerto

Puro

Estos sabrosos vegetales fluirán a través del organismo barriendo con todas las impurezas que encuentren en su camino.

¼ (200 g/7 oz) de **pepino** picado
1 pequeño puñado de **perejil**
1 pequeño puñado de **brotes de alfalfa**

Extraer el jugo del pepino. Licuar con el perejil y los brotes de alfalfa.

■ *Los brotes de alfalfa contienen casi todas las propiedades nutritivas: tienen una alta dosis de vitaminas, minerales y proteínas.*

■ *Para plantar brotes de alfalfa coloque una cucharada de semillas secas en un tarro de vidrio. Remoje las semillas en agua durante la noche; escurra, enjuague y colóquelas en un tarro de vidrio de boca ancha. Cubra con muselina y ajuste con una banda elástica o aro de metal. Voltee el recipiente y colóquelo en un lugar seco y oscuro. Enjuague las semillas dos veces al día durante 3-4 días; escurra y vuelva a colocar el recipiente en su lugar por 3-4 días. No deje que las semillas se sequen. Cuando los brotes tengan 2,5 - 5 cm (1 - 2 pulg) de largo, exponerlos a la luz del sol durante un día para permitir que las hojas se vuelvan verdes.*

Día de Huerto

pepino | perejil
brotes de alfalfa

Rojo Real

Potente

Nada se compara con la capacidad depurativa de este jugo. Para un efecto depurativo completo, beba este preparado por la mañana, varias veces a la semana.

---

1 **betabel con hojas**
1 **zanahoria**
   sin sus extremos y picada
1 **manzana**
   descorazonada y picada
2 cm (¾ pulg) de **jengibre fresco**
   pelado
Jugo de ½ **lima**
   pelada

Extraer el jugo del betabel, la zanahoria, la manzana, el jengibre y la lima. Revolver.

■ *El jugo de zanahoria es el rey de los jugos de vegetales. Además de ser un poderoso antioxidante, previene el cáncer y las infecciones y purifica el hígado, los riñones y todo el conducto digestivo. Demasiado jugo de zanahoria puede volverle naranja, literalmente. Por ello le recomendamos no abusar y mezclarlo con otros jugos.*

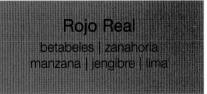

Rojo Real
betabeles | zanahoria
manzana | jengibre | lima

Frutas y verdura

Ingrediente	Estacionalidad	Consejos de conservación/ acondicionamiento para extracción
Aguacate	Fruta de primavera que se cultiva en climas cálidos: EE.UU., América Central y Sudamérica.	Dejar madurar a temperatura ambiente. Rociar la pulpa con jugo de limón para evitar la decoloración.
Apio	El apio se cosecha tradicionalmente en los meses estivales, pero se encuentra disponible todo el año. A los ingleses les gustan las variedades de pulpa blanca, mientras el paladar de los norteamericanos prefiere el apio color verde oscuro.	Conservar en el refrigerador hasta por una semana, preferentemente envuelto en una bolsa de plástico.
Apio Nabo	También conocido como raíz de apio, el apio nabo se cosecha en otoño-invierno, pero se puede comprar, como muchos otros vegetales de raíz, durante todo el año. Se cultiva principalmente en Europa, pero también en Asia y en algunas partes de América del Norte.	Conservar hasta por 2 semanas en el refrigerador o en lugar fresco y seco. Lavar bien antes de extraer el jugo ya que suele tener tierra en la mata y las raíces.
Arándano azul	Fruta de fines del verano. La fruta silvestre se puede encontrar a finales de verano en el este de Canadá y de los Estados Unidos. La fruta de cultivo se encuentra en diferentes partes de Europa.	Éstas son las menos perecederas de todas las bayas y pueden conservarse hasta por 10 días en el refrigerador. Se pueden congelar y a veces se venden ya congeladas. Descongelar un poco antes de extraer el jugo.

Beneficios	Rendimiento aproximado de jugo	Ingrediente
Una de las frutas con mayor cantidad de energía y más nutrientes por caloría. Excelente fuente de ácido fólico y buena fuente de vitamina B6.	1 aguacate =125 ml (4 fl oz) de pulpa licuada	Aguacate
Los crocantes troncos del apio contienen gran cantidad de agua y menores cantidades de potasio, ácido fólico y vitamina C. El apio depura, relaja y regenera las células rojas.	1 tronco = 100 ml (3 $\frac{1}{2}$ fl oz) de jugo	Apio
El apio nabo es una buena fuente de vitaminas B6 y C, potasio, hierro y magnesio.	1 apio nabo = 200 ml (7 fl oz) de jugo	Apio Nabo
Los arándanos azules contienen más antioxidantes que combaten enfermedades y el envejecimiento que ningún otro vegetal o fruta. El poder del antioxidante se encuentra en la piel azul.	1 puñado = 30 ml (1 fl oz) de jugo	Arándano azul

Ingrediente	Estacionalidad	Consejos de conservación/ acondicionamiento para extracción
Arándano rojo	La mayoría de la producción de arándanos rojos (cultivados en los EE.UU. y Canadá) se hace jugo, se enlata o se congela. Busque arándanos rojos frescos en otoño.	Los arándanos rojos se conservan bien en el refrigerador hasta por 2 semanas o en el congelador hasta por 1 año.
Berro	El berro se compra en los supermercados durante todo el año, pero como crece en riachuelos de agua fresca, su estación es el verano.	Es muy perecedero y debe consumirse tan pronto como sea posible. Envolver en toalla de papel húmeda y guardar en el refrigerador por no más de 2 días.
Betabel	La temporada se extiende todo el verano. Cuando los encuentre sin hojas significa que los betabeles han estado almacenados y son menos tiernos. También se venden hervidos, muchas veces en vinagre o sellados al vacío.	Los betabeles frescos se mantienen de 2 a 4 semanas si son conservados al fresco o refrigerados. Corte las hojas y conserve de 3 a 5 días en el refrigerador.
Brotes de alfalfa	Dado que se puede cultivar adentro, Usted puede comprarla o cultivarla en su hogar en cualquier época del año. Cuando compre semillas germinadas, busque los brotes de hojas pequeñas, verdes y que huelan a fresco.	Puede comprarse en brotes o en semillas. Compre una pequeña cantidad de semillas: con poco se puede hacer mucho. Una vez que eche brotes, la alfalfa puede mantenerse en el refrigerador hasta por una semana.

Beneficios	Rendimiento aproximado de jugo	Ingrediente
Rico en betacaroteno, ácido fólico, vitamina C, calcio, cloro, magnesio, fósforo y potasio. Alivia el tracto digestivo y el urinario.	1 puñado = 50 ml (1 $2/3$ fl oz) de jugo	Arándano rojo
El berro está lleno de vitamina A y C, y potasio. Su jugo es diurético, y depura el organismo y estimula el apetito.	1 puñado de berros = 30 ml (1 fl oz) de jugo	Berro
Los betabeles contienen ácido fólico, potasio y manganeso. Las hojas verdes son particularmente nutritivas ya que contiene calcio, betacaroteno y hierro.	1 betabel con hojas = 50 ml (1 $2/3$ fl oz) de jugo	Betabel
Las semillas germinadas contienen ácido fólico y zinc; tienen propiedades diuréticas y estimulantes, y alivian el escorbuto, los problemas urinarios y las úlceras estomacales.	Se aconseja licuar, no extraer su jugo. Un manojo de 10 g ($1/3$ oz) brinda aproximadamente 50 ml (1 $2/3$ fl oz) de jugo	Brotes de alfalfa

Ingrediente	Estacionalidad	Consejos de conservación/acondicionamiento para extracción
Calabaza de Castilla	Este tipo de calabaza (de cáscara gruesa) se cosecha en el otoño, pero se conserva fresca durante los meses del invierno.	La calabaza de invierno se conservará por varios meses si se guarda en un lugar fresco, y oscuro.
Camote	El camote se encuentra disponible a lo largo del año, pero es más abundante en otoño y principios del verano. Elija camotes que sean pesados para su tamaño, lisos, duros y sin magulladuras ni partes en descomposición.	Este tubérculo debe guardarse en un lugar seco y frío, nunca en refrigerador. De esta manera, se conservará hasta por un mes. De mantenerlo simplemente a temperatura ambiente, deberá consumirse dentro de la semana posterior a su compra. Lave el exceso de tierra antes de extraer el jugo.
Caqui (sharon, kaki)	El caqui es una fruta de fines de otoño, principio de invierno, y proviene de los EE.UU., Asia e Israel.	El caqui madura a temperatura ambiente. Una vez maduros (blandos y rojos) conservar a temperatura ambiente. También pueden ser congelados enteros, o exprimidos, licuados y, luego, congelados.
Cebollino (cebolleta, cebollín)	El cebollino se cosecha antes que su bulbo esté completamente maduro. Esta verdura se puede encontrar durante todo el año, pero su mejor momento es a mediados del verano.	El cebollino a diferencia de la cebolla madura, es bastante perecedero. Guardar en bolsas plásticas en el refrigerador por hasta 3 días, y consumir antes que las hojas verdes se marchiten.

Beneficios	Rendimiento aproximado de jugo	Ingrediente
La calabaza de Castilla es una excelente fuente de potasio y vitamina A, y una buena fuente de vitamina C y ácido fólico.	1 calabaza de Castilla = 100 ml (3 $\frac{1}{2}$ fl oz) de jugo	Calabaza de Castilla
El camote es rico en betacaroteno y una excelente fuente de fibra si se lo consume con su piel, la cual es soluble casi en un 50%. Es también fuente de vitaminas C y B6, magnesio y potasio.	1 camote = 100 ml (3 $\frac{1}{2}$ fl oz) de jugo	Camote
Una excelente fuente de vitamina A que contiene, además, potasio, vitamina C, cobre, y tiene un leve efecto laxante.	1 caqui = 100 ml (3 $\frac{1}{2}$ fl oz) de jugo	Caqui (sharon, kaki)
Las cebollas se consideran una panacea debido a las miles de cualidades medicinales que poseen. Por ejemplo, el cebollino contiene potasio, ácido fólico y vitamina C, entre otras.	1 cebollino = 1 cdita. de jugo	Cebollino (cebolleta, cebollín)

Ingrediente	Estacionalidad	Consejos de conservación/ acondicionamiento para extracción
Cereza	Se recomienda comer cerezas en el verano, ya que es cuando se encuentra en su pico estacional de cultivo. La cereza Bing es la más común en Norteamérica, la Bigaroon y la Gean, ambas variedades dulces, son las más conocidas en Europa.	Las cerezas se estropean rápidamente, pero se pueden conservar en el refrigerador por 2 ó 3 días. Las cerezas se pueden comprar o conservar congeladas.
Chabacano	Los chabacanos frescos son una fruta de verano; Italia y Turquía son los mayores exportadores.	Los chabacano se estropean fácilmente cuando están magullados. Conservar en lugar seco y fresco.
Chícharo (guisante)	Son mejores a finales de la primavera, pero se encuentran disponibles durante todo el año.	Se conserva en bolsas plásticas en el refrigerador entre 3 y 5 días.
Chicoria (endibia)	Se cosecha en otoño en partes de Norteamérica, Francia, Holanda, Bélgica e Italia.	Poniéndola en remojo se logra quitar la amargura del vegetal; simplemente límpiela con un paño. Conservar en el refrigerador por 3-5 días.
Chile Pimiento	Los chiles pimientos se cultivan en todos los continentes, como perennes en las regiones tropicales y anuales en las zonas de clima templado. Los mayores productores son México y las Antillas.	Se aconseja envolverlos en una bolsa de papel y conservar en el refrigerador hasta por 7 días.

Beneficios	Rendimiento aproximado de jugo	Ingrediente
Ricas en ácido fólico, betacaroteno, vitamina C y calcio, también contienen pectina, una fibra soluble que ayuda a controlar los niveles de colesterol en la sangre.	1 puñado = 75 ml (2 $^{1}/_{2}$ fl oz) de jugo	Cereza
Una de las mejores fuentes naturales de vitaminas A y C, con alto contenido de potasio.	1 chabacano = 15 ml (1 cda.) jugo	Chabacano
Una buena fuente de hierro, vitamina C, ácido fólico, magnesio y tiamina.	1 chícharo = 1 cdita. de jugo	Chícharo (guisante)
La chicoria es una excelente fuente de ácido fólico y potasio. Estimula el apetito y depura el aparato digestivo.	1 cabeza = 75 ml (2 $^{1}/_{2}$ fl oz) de jugo	Chicoria (endibia)
Contiene una cantidad importante de vitamina C y de capsaicina (compuesto que lo hace picante).Tiene un efecto positivo sobre el colesterol en la sangre y también actúa como anticoagulante.	1 chile = fi cdita. de jugo	Chile Pimiento

Ingrediente	Estacionalidad	Consejos de conservación/ acondicionamiento para extracción
Cilantro (coriandro)	El cilantro fresco se encuentra disponible todo el año, o en algunas zonas en los meses de verano. Buscar los que tengan las raíces.	Envolver el cilantro fresco con las raíces en una toalla de papel húmeda, luego dentro de una bolsa de plástico y conservar en el refrigerador por 2-3 días.
Ciruela	Las ciruelas están disponibles localmente en climas templados durante la primavera, y fuera de estación, se importan diversas variedades desde EE.UU., Rusia, China y Europa Oriental.	Se puede conservar a temperatura ambiente hasta que madura; y cuando lo hace, se puede conservar en el refrigerador hasta por 3 días.
Col (pequeña)	Vegetal de invierno, resistente, perteneciente a la familia del brécol, la col rizada y la de Bruselas, entre otros.	La col puede conservarse en el refrigerador por hasta 2 semanas, envuelta y separada de otros alimentos.
Eneldo	La mejor época son los meses de otoño e invierno. La mayor parte del eneñdo se exporta desde Italia.	Se puede conservar en el refrigerador por hasta 1 semana. Con el tiempo se volverá fibroso e insípido. Elegir bulbos blancos maduros, aromáticos, de tallos verdes y frescos.
Espinaca	Se puede comprar fresca todo el año, pero su mejor punto es en invierno. Escoger hojas pequeñas, color verde y textura fresca y elástica. Los tallos deben ser delgados y no gruesos.	La espinaca fresca se conserva entre 3 y 4 días en el refrigerador. Asegúrese de lavar cuidadosamente antes de extraer su jugo y quitar cualquier tallo duro.

Beneficios	Rendimiento aproximado de jugo	Ingrediente
Ayuda a la digestión, actúa como diurético, reduce el colesterol y mejora la vista.	1 manojo = 2 cdas de jugo	Cilantro (coriandro)
Los antioxidantes del jugo de ciruela favorecen el sistema inmunológico y estimulan el apetito. La ciruela es también rica en betacaroteno, vitaminas C y E, y ácido fólico.	1 ciruela = 30 ml (1 fl oz) de jugo	Ciruela
Una buena fuente de betacaroteno, ácido fólico, vitamina C, hierro, potasio y sodio. Poderoso antioxidante con propiedades depuradoras	1 cabeza = 150 ml (5 fl oz) de jugo	Col (pequeña)
Rico en vitamina C, potasio, calcio y, en menor cantidad, vitamina B6. Útil en la depuración del tracto digestivo, alivia los dolores gástricos, y es diurético y estimulante.	1 bulbo de eneldo = 100 ml (3 $1/2$ fl oz) de jugo	Eneldo
La espinaca es excepcionalmente rica en carotenoides, así como también en ácido fólico, potasio, magnesio y magnesio. Contiene más proteínas que la mayoría de los vegetales.	1 manojo = 30 ml (1 fl oz) de jugo	Espinaca

Ingrediente	Estacionalidad	Consejos de conservación/ acondicionamiento para extracción
Frambuesa	Se consigue durante el verano, aunque hay importadas que se venden todo el año a mayor costo. Escogerlas cuidadosamente, analizar señales de humedad o manchas que indiquen fruta aplastada o en proceso de descomposición. La frambuesa debe ser regordeta, firme, bien formada y de color uniforme.	Las frambuesas deben consumirse 1-2 días después de compradas. También pueden congelarse sin inconvenientes. Espárzalas en una única capa y congélelas hasta que estén duras; luego páselas a una bolsa, así se conservarán entre 10 y 12 meses.
Fresa	Son más sabrosas cuando se compran localmente en los meses de verano, aunque se encuentran disponibles durante todo el año las importadas desde climas más cálidos.	Son también muy perecederas. Mantener en el refrigerador, asegurándose que no haya bayas ya estropeadas en el paquete, por 2 - 3 días.
Granada	Su mejor punto es en otoño. Sienta su peso: las semillas representan hasta el 52% del peso total. Escogerlas pesadas, con piel lisa, tirante, brillante y fina, sin rajaduras ni grietas.	Guardar en un lugar fresco y oscuro hasta por un mes y en el refrigerador hasta por 2 meses. Las semillas pueden refrigerarse hasta por 3 días o congelarse en recipientes herméticos hasta por 6 meses.
Grosella negra	Fruta del bosque de verano. Sus mayores productores son Alemania, Polonia y Rusia.	Se conserva en el refrigerador hasta por 3 días. Las grosellas negras se pueden congelar e incluso muchas veces se venden ya congeladas. Descongelar un poco antes de extraer el jugo.

Beneficios	Rendimiento aproximado de jugo	Ingrediente
La frambuesa está llena de fibra, algunas en su forma soluble, como por ejemplo la pectina. Además, contiene un alto nivel de fotoquímicos y es una buena fuente de vitamina C.	1 puñado = 75 ml (2 $\frac{1}{2}$ fl oz) de jugo	Frambuesa
Las fresas son ricas en betacaroteno, ácido fólico, vitamina C y E, y son un excelente energizante y depurador.	1 puñado = 75 ml (2 $\frac{1}{2}$ fl oz) de jugo	Fresa
Sus semillas son una buena fuente de potasio y vitamina C. Su sabor ácido se debe a su alto contenido de ácido cítrico.	1 granada = 125 ml (4 fl oz) de jugo (150 g / 5 oz de semillas)	Granada
Contienen cuatro veces la cantidad de vitamina C que una naranja. Una rica fuente de potasio, importante para el tratamiento de la presión sanguínea alta. La piel contiene antocianosido, un pigmento antibacterial muy bueno para el dolor de garganta.	1 puñado = 50 ml (1 $\frac{2}{3}$ fl oz) de jugo	Grosella negra

Ingrediente	Estacionalidad	Consejos de conservación/ acondicionamiento para extracción
Guayaba	Las guayabas predominan en regiones tropicales y sub-tropicales como Hawai e India. Si bien en lugares cálidos están disponibles todo el año, abundan principalmente a finales de la primavera y durante el verano.	Alcanza su mejor sabor cuando madura en el árbol. Puede recogerse en su última etapa de maduración y completar su maduración a temperatura ambiente. Una vez madura, se magullará fácilmente y deteriorará con rapidez. Debe consumirse dentro de los 3 -4 días siguientes a la maduración.
Guayaba brasilera	Fruta originaria de Sudamérica, en la actualidad el mayor productor es Nueva Zelanda. Se consigue en primavera y a principios del invierno.	Conservar a temperatura ambiente hasta su maduración. Consumir inmediatamente o conservar en el refrigerador por 2-3 días. Pelar antes de extraer el jugo.
Higo	Los higos (en sus variedades de blancos, negros y púrpura) se producen en Turquía, Grecia, EE.UU., Portugal y España. Se cosechan a finales del verano.	Los higos frescos son muy perecederos. Conservar en el refrigerador por 2-3 días y consumir cuando estén maduros.
Kiwi	Cada año se cultivan diez variedades distintas de Kiwi, principalmente en Nueva Zelanda, EE.UU., Europa, Sudamérica y Australia.	Dejar que madure a temperatura ambiente hasta que esté ligeramente blando. Cuando no está maduro se conservará refrigerado por 2 ó 3 semanas.
Lechuga iceberg	Ésta es una de las variedades más comunes de lechuga y está disponible durante todo el año.	Variedad de lechuga muy resistente que se conservará perfectamente en el refrigerador hasta por 10 días.

Beneficios	Rendimiento aproximado de jugo	Ingrediente
Con altos contenidos de vitamina C, las guayabas pueden tener niveles de esta vitamina hasta cinco veces más altos que las naranjas frescas. Además, son ricas en betacaroteno.	1 guayaba = 30 ml (1 fl oz) de jugo	Guayaba
La guayaba brasilera es una buena fuente de ácido fólico, vitamina C y potasio.	1 guayaba brasilera = 75 ml (2 $\frac{1}{2}$ fl oz) de jugo	Guayaba brasilera
Rico en ácido fólico, betacaroteno, calcio, hierro y potasio. Su jugo ayuda depurar el tracto digestivo.	1 higo = 30 ml (1 fl oz) de jugo	Higo
Su jugo no sólo es rico en betacaroteno y vitamina C, sino que también es un excelente depurador y energizante.	1 Kiwi = 40 ml (1 $\frac{1}{2}$ fl oz) de jugo	Kiwi
Buena fuente de ácido fólico, vitamina C y potasio. Su jugo es no sólo desintoxicante, sino también relajante.	1 cabeza = 200 ml (7 fl oz) de jugo	Lechuga iceberg

Ingrediente	Estacionalidad	Consejos de conservación/acondicionamiento para extracción
Lichi	Fruto originario de China, donde es símbolo de buena suerte, se produce ahora en el Sudeste Asiático, Sudáfrica, Australia, Israel, México y EE.UU.	Se conservan por varias semanas en una bolsa plástica en el refrigerador. Son mejores cuando están completamente maduros, de color rosado-rojizo. Partir la cáscara y pelar antes de extraer el jugo.
Lime	El limero florece y da frutos durante todo el año. Los mayores productores son México, Las Antillas, EE.UU., India, España e Italia.	Se conserva hasta por 5 días a temperatura ambiente, o hasta por 9 días en el refrigerador. Pelar antes de extraer el jugo.
Limón	La mayor parte de la cosecha mundial de limones son ácidos y se cosechan durante todo el año en California.	Se conservará a temperatura ambiente por 1 semana, y hasta por 10 días en el refrigerador. Pelar antes de extraer el jugo.
Mango	El mango es una fruta de verano, importada principalmente desde Tailandia, India, Pakistán y México.	Se conserva en buen estado si madura a temperatura ambiente. Una vez maduro (blando), se puede consumir o refrigerar hasta por una semana.
Manzana	A lo largo del año se encuentra un sinfín de variedades, pero las mejores son aquellas que uno puede comprar localmente desde fines del verano hasta principios de invierno.	Conservar en lugar seco y fresco. La pulpa se oxida fácilmente al contacto con el aire; beber inmediatamente para evitar que el jugo se enturbie, o agregar un poco de limón o lima para mantener su color. Quitar los rabillos y el corazón de la fruta antes de extraer el jugo.
Maracuyá	El maracuyá crece en regiones tropicales: Nueva Zelanda, África, Malasia y Las Antillas.	Su dura cáscara se arrugará al alcanzar la madurez. Se pueden almacenar a temperatura ambiente hasta que maduren. Cortar y extraer la pulpa para extraer su jugo.

Beneficios	Rendimiento aproximado de jugo	Ingrediente
Rico en vitamina C y una buena fuente de potasio.	1 lichi = 30 ml (1 fl oz)) de jugo	Lichi
Ricos en betacaroteno, ácido fólico, vitamina C y calcio.	1 lima = 30 ml (1 fl oz) de jugo	Lima
Excelente fuente de vitamina C, betacaroteno, calcio, magnesio y, además, excelente depurador del hígado y los riñones.	1 limón = 30 ml (1 fl oz) de jugo	Limón
Rico en vitaminas B y C, betacaroteno, calcio, magnesio y fósforo.	1 mango = 100 m (3 $1/2$ fl oz) de jugo	Mango
Excelente fuente de fibra dietaria y un perfecto depurador natural. Con alto contenido de vitamina C, contiene además vitamina A (especialmente en la cáscara) y B.	1 manzana = 100 ml (3 $1/2$ fl oz) de jugo	Manzana
Rico en calcio, betacaroteno, vitamina B3, y magnesio.	1 maracuyá = 1 cda. de jugo	Maracuyá

Ingrediente	Estacionalidad	Consejos de conservación/acondicionamiento para extracción
Melocotón	El melocotón es una fruta de verano y crece en climas calurosos, principalmente en EE.UU., Italia, China y Grecia.	Se estropea rápidamente si está magullado; manipular con cuidado. Almacenar y dejar madurar a temperatura ambiente. Consumir dentro de los 2-3 días.
Melón	Fruta de verano que crece en regiones templadas. Se cosecha fuera de estación para ser transportado antes de madurar. No madurará correctamente una vez que haya sido recolectado, así que debe tener cuidado al elegirlo.	Busque melones con piel lisa, sana y sin magullar. El rabillo debe ser suave y su aroma sutil pero fragante. Los melones se ablandarán a temperatura ambiente; una vez cortados se deben refrigerar.
Membrillo	El membrillo, un híbrido de la pera y la manzana, crece en lugares cálidos y se recolecta en el otoño.	Pasa del verde al amarillo a medida que madura. Dejar madurar a temperatura ambiente.
Naranja	Son mejores durante los meses de invierno, cuando las naranjas de Florida, España e Israel se encuentran en su mejor punto.	Conservar en lugar seco y fresco. Recuerde pelar todos los cítricos antes de exprimirlos.
Nectarina	La mayoría de las nectarinas son producidas en los EE.UU. y alcanzan su mejor punto a mediados del verano.	Conviene madurarlas a temperatura ambiente, y una vez blandas y maduras, refrigerarlas por hasta 3 días.
Papaya (asimina)	La papaya es una fruta primaveral que se produce en climas tropicales y subtropicales, como el de Brasil, México, Tailandia, Indonesia e India.	Déjela madurar a temperatura ambiente y consúmalas cuando estén maduras; o guárdelas hasta por 3 días en un refrigerador.

Beneficios	Rendimiento aproximado de jugo	Ingrediente
Una excelente fuente de ácido fólico, betacaroteno, vitaminas B3 y C, niacina, calcio y flavonoides.	1 melocotón = 75 ml (2 $^1/_2$ fl oz) de jugo	Melocotón
Rico en betacaroteno, ácido fólico, calcio y magnesio, el jugo de melón es depurador y diurético.	1 melón = 400 ml (14 fl oz) de jugo	Melón
Esta excelente fuente de potasio, vitamina C y cobre.	1 membrillo = 125 ml (4 fl oz) de jugo	Membrillo
Ricas en antioxidantes y vitamina C.	1 naranja = 100 ml (3 $^1/_2$ fl oz) de jugo	Naranja
Su jugo antioxidante y energizante es rico en betacaroteno, vitamina C, ácido fólico, calcio y magnesio.	1 nectarina = 75 ml (2 $^1/_2$ fl oz) de jugo	Nectarina
Rica en betacaroteno, vitamina C, calcio y magnesio, su jugo es un antioxidante, que energiza su cuerpo y depura el tracto digestivo.	1 papaya = 200 ml (7 fl oz) de jugo	Papaya (asimina)

Ingrediente	Estacionalidad	Consejos de conservación/ acondicionamiento para extracción
Pepino	Su mejor época es de fines de primavera a mediados del verano, si bien se encuentran todo el año.	Envolverlos en un plástico bien ajustado y conservar en el refrigerador hasta una semana. Quitar los extremos mustios y la piel amarillenta antes de extraer el jugo.
Pera	Alcanzan su mejor punto durante los meses de otoño e invierno.	Se puede conservar a temperatura ambiente; tener cuidado porque la fruta madura y se magulla rápidamente. Mejor extraer el jugo cuando está crujiente, firme y no completamente madura.
Pimiento (dulce, campana, chile)	En la actualidad, los pimientos se encuentran disponibles durante todo el año y se exportan desde China, Turquía, España, y México.	Se conserva en el refrigerador hasta por 1 semana. Almacenar entero para mantener su sabor y sus nutrientes. Para extraer el jugo, quitar rabillo, corazón y semillas.
Piña	La piña se produce en las regiones más tropicales, como ser América Central y Sudamérica, Australia, Las islas del Pacífico, Asia y África, y se exportan desde allí a todo el mundo. El invierno es su estación natural.	La piña, a pesar de su exterior áspero, es delicada y se magulla con facilidad. A temperatura ambiente esta fruta fermenta rápidamente. En el refrigerador, y dentro de una bolsa de plástico, se conserva por entre 3 y 5 días.
Plátano	Es una fruta de invierno cultivada principalmente en India, Brasil, Filipinas e Indonesia. Transportes con compartimientos a temperatura controlada permiten la exportación durante todo el año.	Los plátanos son delicados y no es aconsejable exponerlos a cambios de temperatura bruscos. Conservar a temperatura ambiente. La refrigeración oscurecerá la cáscara pero no la banana en su interior.

Beneficios	Rendimiento aproximado de jugo	Ingrediente
Rico en ácido fólico, calcio, cloro y pequeñas dosis de vitaminas B1, 2, 3, 5 y 6. Altamente diurético, depura el organismo y beneficia el cabello, las uñas y la piel.	1 pepino mediano = 500 ml (18 fl oz) de jugo	Pepino
Rica en fibra, esta fruta contiene también potasio.	1 Pera = 75 ml (2 $1/2$ fl oz) de jugo (cuando se extrae el jugo de una pera demasiado madura, su rendimiento es espeso y escaso)	Pera
Rico en betacaroteno, ácido fólico, vitamina C y calcio, depura el organismo y es beneficioso para el cabello, la piel y las uña.	1 pimiento = 50 ml (1 $2/3$ fl oz) de jugo	Pimiento (dulce, campana, chile)
El jugo de piña depura los intestinos, favorece el sistema inmunológico y es rico en betacaroteno, ácido fólico y vitamina C.	1 piña = 450 ml (15 fl oz) de jugo	Piña
Los plátanos son ricos en fibra, potasio y vitaminas C y B6.	1 plátano = 125 ml (4 fl oz) de jugo	Plátano

Ingrediente	Estacionalidad	Consejos de conservación/ acondicionamiento para extracción
Puerro	El puerro, verdura nacional de Gales, alcanza su mejor punto a finales del verano, aunque se encuentra disponible durante todo el año.	El puerro se conservará hasta por 2 semanas en el refrigerador, y por hasta 3 meses en un lugar seco y fresco.
Rábano	Se venden durante todo el año, pero se encuentran en mayor cantidad en los meses de primavera. Escogerlos con buena forma y color, y hojas frescas y verdes.	Si no se consuma durante el día en que se compra, se deben quitar las hojas. Se conservan en bolsas plásticas en el refrigerador hasta por 2 semanas. Lavar bien y extraer el jugo con la piel.
Radicchio	Es una planta de otoño que crece principalmente en el sur de Francia e Italia.	Se conserva en bolsa plástica en el refrigerador por hasta 1 semana.
Rúcula (arugula)	Disponible durante todo el año, su época de mayor abundancia es a finales del verano. Escogerla con hojas verdes brillante y fresca, con tallos ni mustios ni pegajosos.	Coloque la rúcula sin lavar en una bolsa plástica, ciérrela sin ajustar de modo que circule algo de aire, y refrigere.
Sandía	La sandía crece en climas cálidos y permanece, y su estación son los meses de verano.	Si se la deja madurar al calor se secará y se volverá fibrosa. Mantener en el refrigerador o en un lugar seco y fresco, y consumir tan pronto como sea posible.
Tamarindo	Esta fruta se consigue en el otoño y el invierno, pero crece también en California y Nueva Zelanda durante todo el año. Escoja aquellos con buen color y que apenas sedan a la presión de sus dedos.	Si están demasiado firmes, dejar madurar a temperatura ambiente. El tamarindo debe ser pelado antes de extraer el jugo: sumergir en agua hirviendo por 3-5 minutos para aflojar la piel.

Beneficios	Rendimiento aproximado de jugo	Ingrediente
Rico en betacaroteno, vitamina C, ácido fólico, calcio y biotina.	1 puerro = 30 ml (1 fl oz) de jugo	Puerro
El rábano es una buena fuente de vitamina C.	1 rábano = 30 ml (1 fl oz) de jugo	Rábano
El radicchio contiene ácido fólico, cobre, potasio, y vitamina C y ayuda a depurar la sangre y a estimular el apetito.	1 cabeza de radicchio = 75 ml (2 $^1/_2$ fl oz) de jugo	Radicchio
La rúcula es una fuente de ácido fólico y algo de calcio, y contiene además betacaroteno y vitamina C.	1 manojo de rúcula = 2 cdas. de jugo	Rúcula (arugula)
Rica en betacaroteno, ácido fólico, calcio, magnesio, fósforo y potasio, La sandía es un depurador diurético.	1,2 kg de sandía = 800 ml (1 $^1/_4$ pt) de jugo	Sandía
Los tamarindos son buenas fuentes de fibra, betacaroteno y vitamina C.	1 tamarindo = 60 ml (2 fl oz) de jugo	Tamarindo

Ingrediente	Estacionalidad	Consejos de conservación/ acondicionamiento para extracción
Tomate	Existen miles de variedades de tomates, todas ellas cultivadas en una diversidad de climas. En consecuencia, están disponibles durante todo el año. Escoja tomates rojos, regordetes y pesados, y con la piel lisa. Nunca compre tomates de un contenedor refrigerado.	El tomate debe ser almacenado a temperatura ambiente. No refrigerar. Para que el tomate madure, colocarlo en una bolsa de papel junto con una manzana o banana, ya que éstas liberan gas etileno.
Toronja	La mayor parte de la cosecha mundial de toronjas se cosecha en invierno y se exporta desde Florida.	La toronja se puede conservar refrigerada hasta 6-8 semanas, o por 1 semana a temperatura ambiente, cuando es más jugosa.
Uva	Existen muchas variedades de uvas, cada una con su propia estación. La mayoría de las uvas de mesa se cosechan en otoño en el sur de Europa y en Estados Unidos.	Las uvas se estropean a temperatura ambiente. Conservar en bolsa de plástico perforada en el refrigerador por hasta 3 días. Para licuadora se aconseja usar las uvas sin semillas, Para un exprimidor se puede utilizar cualquier tipo de uva.
Zanahoria	Las zanahorias, clásico vegetal de raíz, están disponibles todo el año. Los mayores productores son China, EE.UU., Polonia, Japón, Francia e Inglaterra.	Las zanahorias se pueden conservar de 1 a 3 semanas en el refrigerador. Conservar en papel marrón o en una bolsa de plástico perforada.
Zarzamora	Las zarzamoras son frutas de verano que crecen en América del Norte, Europa y Australia, aunque también se consiguen fuera de estación.	Es un fruto muy perecedero. Aquellas estropeadas echarán a perder las demás frutas a su alrededor. Conservar en el refrigerador, sin lavar y mantener en un paquete holgado. Son mejores si se recogen frescas.

Beneficios	Rendimiento aproximado de jugo		Ingrediente
El tomate es una deliciosa fuente de vitamina C y es una de las mejores fuentes de licopeno – una carotinoide con propiedades contra el cáncer.	1 tomate = 50 ml (1 $\frac{1}{3}$ fl oz) de jugo		Tomate
Un jugo depurador rico en betacaroteno, calcio, potasio y vitamina C.	1 toronja = 100 ml (3 $\frac{1}{2}$ fl oz) de jugo		Toronja
Las uvas son ricas en vitaminas C y E, calcio, antioxidantes, fósforo, flavonoides y potasio. Depuran el sistema digestivo y ayudan a limpiar las impurezas de la piel.	1 racimo de uvas = 75 ml (2 $\frac{1}{2}$ fl oz) de jugo		Uva
Es la fuente más rica de betacaroteno, y también una valiosa fuente de vitamina C, calcio y potasio. Depura el hígado, aporta energía y ayuda en problemas de la piel y la vista.	1 zanahoria mediana = 50 ml (1 $\frac{2}{3}$ fl oz) de jugo		Zanahoria
Las zarzamoras son una excelente fuente de vitamina E, la cual es beneficiosa para el corazón y los problemas circulatorios.	1 puñado = 75 ml (2 $\frac{1}{2}$ fl oz) jugo		Zarzamora

Remedios a base de hierbas

Estamos atravesando una etapa de revolución en salud. Cuantas más personas se responsabilizan por cuidar de su propia salud, la demanda de alimentos naturales, medicinas herbales y nutracéuticos crece sorprendentemente. En este caso, nos hemos enfocado solamente en una fracción de los productos disponibles en el mercado. De ninguna manera afirmamos, ni tenemos la autoridad de afirmar, que alguno de estos remedios herbales son sustitutos alternativos de las drogas recetadas. Creemos, sin embargo, que el consumir remedios herbales con moderación puede mejorar nuestro bienestar físico y, en muchos casos, ayudar a contrarrestar otras dolencias y enfermedades, aunque es fundamental que se ingieran en las dosis recomendadas por el fabricante, ya que la potencia y composición de los productos varían considerablemente. Además, debe verificar que los productos sean los adecuados para usted, pues algunos de ellos no son aptos para niños, mujeres embarazadas o en período de lactancia, persona con condiciones médicas preexistentes o quienes estén bajo medicación.

Pasto de trigo

Es la última moda en jugos y bebidas saludables. Todos los bares reconocidos de la ciudad ofrecen estas briznas verdes, exhibidas y creciendo en sus barras. El pasto de trigo (granos de trigo que han brotado hasta convertirse en hierba tierna) suele crecer hasta 7,5 - 10 cm (3-4 pulg) de alto. Se dice que es depurador, desintoxicante; favorece el sistema inmunológico y es un tónico natural completo.

Al hacerse jugo o puré de pasto de trigo, se forma un jugo intensamente verde lleno nutrientes, antioxidantes y grandes cantidades de clorofila. La composición molecular de la clorofila es tan parecida a la de la hemoglobina humana que hace que estas bebidas puedan actuar como "mini transfusiones" para la sangre, y como tónicos para el cerebro y el sistema inmunológico. Creemos que las bebidas verdes, ricas en clorofila son esenciales para el éxito de todo programa de depuración. Se puede comprar fresco o congelado y disecado. Utilizar de acuerdo a las instrucciones del fabricante.

Spirulina

Alga microscópica con la forma de un perfecto espiral. Si bien se la ha conocido y comido por cientos de años, esta antigua alga fue redescubierta hace 30 años por científicos y ahora se la llama "el súper alimento". Contiene la concentración más alta de nutrientes que se conozca entre los alimentos, plantas, granos o hierbas. Contiene más del 60 por ciento de todas las proteínas vegetales digeribles, lo cual la convierte en el alimento con más proteínas que se pueda conseguir. También tiene la concentración más alta de betacaroteno, vitamina B12, hierro, microelementos, y el esencial y poco común ácido graso GLA. Sin embargo, la cantidad de nutrientes que se obtiene de una medida de spirulina es mínima, lo que hace que sea un súper alimento costoso. Se consigue en tiendas de alimentos para la salud, tanto en polvo como en cápsulas y sólo debe tomarse de acuerdo a las instrucciones de su fabricante.

Miel

La miel, el polen, el propóleos y la cera de abeja han sido utilizadas por el hombre durante miles de años, tanto por sus propiedades nutritivas como medicinales. Las abejas recolectan el néctar de las flores, lo modifican y lo conservan en el panal. El sabor y el aroma de la miel dependen de las flores de las que se haya obtenido el néctar. Es útil para hacer jugos como edulcorante natural sin refinar y también por sus propiedades medicinales y antisépticas. Una de nuestras mieles preferidas es la miel Manuka, que se obtiene de las flores del arbusto Manuka, autóctono de Nueva Zelanda. El proceso de elaboración de la miel Manuka se ve favorecido por el ambiente libre de contaminación de Nueva Zelanda.

Esta miel adquirió renombre debido a sus especiales propiedades antibacterianas. Hoy se la está utilizando para combatir la bacteria MRSA, resistente a antibióticos, que infecta las heridas de cirugía en las guardias de hospitales.

Jalea real

Si bien la miel es uno de los alimentos más antiguos que el hombre conoce, sólo recientemente la popularidad de la jalea real ha conducido a nuevos y sorprendentes hallazgos. La jalea real es el único alimento con que se alimenta a la abeja elegida como reina. Se ha descubierto que la increíble longevidad, fertilidad y fortaleza de la abeja reina se debe enteramente a su dieta exclusiva de jalea real. En realidad, no se ha demostrado que la jalea real tenga el mismo efecto en seres humanos, pero ciertamente vale la pena probar.

La jalea real contiene proteínas, aminoácidos y vitaminas clase B, además de vitaminas A, C, D y E y rastros de minerales naturales. Ayuda a aumentar los niveles de energía y a fortalecer el sistema inmunológico. Toda persona que esté considerando suplementar sus jugos con jalea real debe consultar a un médico calificado, especialmente aquéllos que sean alérgicos a las picaduras de abejas, a la miel, o que sufran asma. La jalea real se consigue en tiendas de alimentos para la salud, tanto en cápsulas como en extracto, y sólo debe tomarse de acuerdo a las instrucciones de su fabricante.

Ginkgo biloba

Se piensa que sus hojas son buenas para mantener las funciones cerebrales. El ginkgo biloba oxigena la sangre, aumentando la agudeza mental, la memoria y la concentración. También se incrementa el flujo sanguíneo hacia las manos y los pies. Esto es particularmente útil para la gente mayor, pero debe evitarse en mujeres embarazadas. Se puede comprar tanto en extracto como en hojas secas o en forma de tabletas, y debe tomarse de acuerdo a las instrucciones de su fabricante.

Jengibre

El jengibre se ha cultivado en China e India durante miles de años y ha sido recomendado por los herboristas chinos por más de 2.500 años. Es la raíz de la planta de jengibre, y se vende fresca, disecada o en forma de extracto. Esta raíz ha probado ser beneficiosa para combatir un número de dolencias. El jengibre, utilizado comúnmente para ayudar a la digestión, aliviar mareos y eliminar las náuseas, es un remedio muy reconocido. Durante el embarazo el jengibre actúa como antiespasmódico y ayuda a prevenir náuseas y vómitos asociados con los mareos matutinos. También es útil para combatir las náuseas de post-anestesia. Actúa también como antiinflamatorio y se utiliza en

tratamientos de artritis y otras enfermedades de inflamaciones articulares. Como en el caso del ajo, creemos que 'es mejor fresco', pero de no conseguirlo así, puede tomarse en cápsulas o en forma disecada o de extracto, de acuerdo a las instrucciones del fabricante.

Ajo

El ajo ha sido utilizado como alimento y como hierba desde el año 3.000 AC por los egipcios, los romanos y los vikingos. También fue muy utilizado en tiempos de guerra, particularmente en la Primera Guerra Mundial, por sus propiedades terapéuticas ante la escasez de antibióticos. El ajo es tan corriente en nuestra alimentación que muchas veces pasamos por alto sus propiedades nutricionales.

Hoy el ajo es una de las hierbas más populares y utilizadas del mundo. Contiene fitoquímicos, incluida la alicina, que pueden ayudar a combatir las afecciones cardíacas al favorecer la disminución del nivel de colesterol en sangre. Según los expertos, los ingredientes activos del ajo son extremadamente volátiles y se destruyen durante la cocción. Nosotras recomendamos el uso de ajo fresco en nuestros jugos, aunque también se consigue en cápsulas y en extracto a costos más altos. Sin embargo, es mejor consumirlo fresco.

Lavanda

La lavanda es una mata silvestre que se encuentra más comúnmente en las zonas montañosas de los países del Mediterráneo occidental. Originariamente cultivada en partes de Francia e Italia por sus flores aromáticas, ha sido utilizada en perfumes y como condimento y saborizante de comidas por su propiedad de ser 'agradable al estómago'. Tiene propiedades aromáticas, carminativas y nervinas. En nuestras recetas hemos utilizado lavanda fresca, aunque también se puede conseguir en tabletas comestibles, que deben tomarse de acuerdo a las instrucciones de su fabricante.

Ginseng

Es el suplemento alimentario más popular de Oriente. La raíz de ginseng era muy valorada por los primeros emperadores chinos debido a sus múltiples usos, principalmente como tónico o estimulante para los desórdenes tanto mentales como físicos y por sus cualidades de liberación de estrés. Hay dos clases de ginseng en el Mercado – el panax ginseng, también llamado ginseng coreano, y el ginseng siberiano. Se cree que ambos tipos ayudan al cuerpo a luchar contra cualquier problema que sufra. También conocido como la "raíz mágica", este estimulante suele utilizarse para reducir los niveles de estrés. Estudios recientes han revelado que el ginseng puede ayudar a regular los niveles de glucosa en sangre y ser beneficioso para quienes sufren de diabetes. Se consigue en extracto, cápsulas y té, y sólo debe tomarse en las dosis indicadas por su fabricante.

Echinacea

Hierba medicinal relativamente nueva que ha logrado situarse en el centro de atención del mundo entero. En el mundo occidental, hoy es la hierba de estimulación inmunológica más común que pueda conseguirse, debido a que aumenta la capacidad de los glóbulos blancos para dominar a los cuerpos extraños al organismo. También estimula el sistema linfático para regenerar tejidos y para disminuir inflamaciones, particularmente aquéllas causadas por artritis reumatoide.

La echinacea puede conseguirse en cápsulas, en extracto y en forma de té y sólo debe tomarse en las dosis indicadas por su fabricante.

Gotu kola (o Centella Asiática)

Probablemente la centella asiática haya sido utilizada por primera vez en la India, como parte de la Ayurveda, la medicina herbal tradicional, aunque ahora se la consigue fácilmente en el mundo occidental.

La centella asiática es conocida como la "hierba de la memoria" Estimula la irrigación sanguínea al cerebro y fue tradicionalmente usada para promover la longevidad, y también como depurador y diurético. Se considera que la centella asiática es uno de los mejores ansiolíticos y mucha gente la utiliza para incrementar su capacidad de aprendizaje. Proporciona tranquilidad mental y es buen complemento de las prácticas de yoga o meditación.

La centella asiática puede conseguirse en cápsulas y extracto, y sólo debe tomarse de acuerdo a las instrucciones de su fabricante.

Aceite de lino (aceite de linaza)

La planta de lino, fuente de fibra para los géneros de lino desde tiempos remotos, tiene también una larga trayectoria como hierba curativa. Las semillas de lino, también llamadas linazas, son más conocidas por el aceite que se obtiene al presionarlas. El aceite de lino es un remedio a base de hierbas muy bueno para quienes no comen pescado y para los vegetarianos. Es la fuente más rica del ácido graso esencial omega-3, de ácido alfa linolénico, y dentro del organismo puede convertirse en los ácidos grasos EPA y DHA, que son los se encuentran en el pescado. Se dice que reduce el riesgo de afecciones cardíacas y muchas otras dolencias. Las semillas de lino pueden conseguirse en molidas o en aceite, y sólo debe tomarse de acuerdo a las instrucciones de su fabricante.

Cardo mariano (o cardo lechero)

La planta de cardo mariano es original del Mediterráneo y crece en forma silvestre en toda Europa, Norteamérica y Australia. El cardo mariano ha sido usado en Europa como remedio para problemas hepáticos durante miles de años.

Como nuestras vidas están cada vez más expuestas a los efectos perjudiciales de las toxinas del medioambiente, el alcohol, las drogas y la quimioterapia, hemos regresado a esta antigua hierba en busca de su ayuda. Se ha comprobado que el cardo mariano protege al hígado y puede contrarrestar ciertos factores ambientales. Su componente activo, la silibina, actúa como un antioxidante y es uno de los agentes protectores del hígado más potentes que el hombre conozca. No sólo inhibe los factores que causan daño hepático sino que también estimula la producción de nuevas células hepáticas para reemplazar las células dañadas. El cardo mariano se puede obtener en tiendas especializadas en alimentos saludables, tanto en extracto como en polvo, y sólo debe tomarse de acuerdo a las instrucciones de su fabricante.

Yogur vivo (probiótico)

Nuestro tracto intestinal es el hogar de millones de bacterias de cientos de variedades de especies beneficiosas. Estos amigables microorganismos se llaman probióticos, que significa 'por la vida'. Los acidophilus, lactobacillus y lactobacillus bifidus pertenecen a esta categoría. Por sobre todo, los probióticos nos ayudan a captar más nutrientes de la comida que ingerimos. Los yogures vivos contienen probióticos y en consecuencia favorecen la salud intestinal. Es importante comprar el yogur vivo bien refrigerado, ya que la amigable bacteria puede destruirse fácilmente si es expuesta al calor y a la luz. Estas bacterias también pueden conseguirse en forma de tableta, y sólo deben tomarse de acuerdo a las instrucciones de su fabricante.

Hierbas – *salvia, menta, cilantro, romero, pereji*l

En el mundo occidental solemos pensar que las hierbas sólo sirven como saborizantes, igual que la sal y la pimienta. Nosotros somos los culpables de tener en nuestras despensas tarros con hierbas secas que ya han superado ampliamente su fecha recomendada de uso y generalmente tomamos por sentados los beneficios para la salud y el sabor de las hierbas frescas. Las hierbas frescas tienen muchas propiedades medicinales que pueden constituir un beneficio adicional a nuestra alimentación diaria.

Especias: *pimienta de cayena, bayas de enebro, chile, canela, clavo de olor, nuez moscada, pimienta negra, azafrán, vainilla*

Las especias son extremadamente difíciles de definir. Al contrario de las hierbas, las especias son casi siempre, aunque no invariablemente, utilizadas en estado seco o deshidratado. Son generalmente el rizoma, la raíz, la corteza, la flor, la fruta o las semillas de una planta. Las hierbas, por otro lado, son normalmente la parte herbácea o frondosa de la misma planta.

Las especias han sido de gran interés e importancia en la historia;

durante la etapa del comercio de las especias eran muy importantes en términos comerciales y hasta se las solía utilizar como moneda. Desde el punto de vista comercial, la pimienta, el clavo de olor y la nuez moscada siempre han llevado la delantera. Las especias también son muy importantes en los campos culinario y medicinal. Las especias ocupan relativamente poco espacio en la despensa y sus sabores distintivos pueden realzar toda su comida, o bien destruirla. Medicinalmente, cada una de ellas tiene propiedades para contrarrestar muchas dolencias y pueden fácilmente agregarse a jugos y suaves.

Frutos secos y semillas - almendras, piñones, semillas de sésamo, semillas de amapola
Son fuentes alimenticias altamente nutritivas. Pequeñas cantidades aportan abundante energía.

Contienen cantidades importantes de hierro, zinc y magnesio; y también importantes cantidades de proteínas, particularmente los cacahuates y las almendras. La mayoría tiene un alto contenido de grasa monoinsaturada, buena para mantener los niveles de colesterol en sangre. La avellana y la nuez de macadamia son las fuentes más altas de grasas monoinsaturadas. Las semillas contienen grasas poliinsaturadas, aunque al ser livianas sólo se requiere un ligero espolvoreo.

Beneficios nutricionales

Las vitaminas y los minerales son nutrientes que su cuerpo necesita para funcionar correctamente. Favorecen el sistema inmunológico, son esenciales para un normal crecimiento y desarrollo y ayudan a las células y los órganos a hacer su trabajo. Podemos encontrar vitaminas y minerales en los alimentos que ingerimos, y las frutas y verduras no son la excepción. En las páginas siguientes encontrará los beneficios y las fuentes de muchas de las vitaminas y minerales esenciales para mantener un cuerpo y una mente sanos.

Vitaminas

	Beneficios	Fuente
Vitamina A	La vitamina A ayuda a la vista, la piel y los huesos; al sistema digestivo y al crecimiento y desarrollo de las células. *Su deficiencia puede afectar el crecimiento dental y óseo, y provocar ceguera nocturna y diarrea.*	Las verduras de hoja verde oscura, como la espinaca y el brécol. Frutas de pigmentación anaranjada como zanahorias, camotes, naranjas, calabazas, chabacanos, papayas y mangos.
Vitamina C	La vitamina C es un importante antioxidante que ayuda a absorber los radicales libres en el organismo y a la cicatrización de heridas, formando tejidos conectores y promoviendo la formación de capilares. La vitamina C también contribuye a fortalecer la resistencia contra infecciones y ciertas enfermedades, y ayuda a la absorción de hierro y calcio. *Su deficiencia puede provocar anemia, infecciones, herpes, dolor muscular y articular.*	Cítricos, verduras de hoja verde oscura, fresas, kiwis, pimientos, tomates, patatas y guayabas.

	Beneficios	Fuente
Vitamina B6	Ayuda a la formación de glóbulos rojos, a mantener el sistema nervioso saludable y al buen funcionamiento cerebral. También ayuda al organismo a fabricar aminoácidos y proteínas. *La deficiencia de vitaminas puede provocar problemas en la piel, desgarros musculares, anemia o boqueras.*	Verduras de hoja verde, huevos, plátanos y aguacates.
Vitamina B2 (Riboflavina)	La riboflavina es vital para la producción de energía del organismo. También ayuda al normal crecimiento de los tejidos, y favorece la piel y la vista. *Su deficiencia puede provocar sensibilidad en los ojos, sarpullidos o boqueras.*	Verduras de hoja verde oscura, brécol, espárragos, aguacates, almendras, granos integrales, frutas secas y productos lácteos.
Ácido fólico	El ácido fólico es esencial para el crecimiento normal de los tejidos y para mantener las células saludables. *Su deficiencia puede provocar anemia, constipación, diarrea, infecciones, desasosiego, debilidad y glositis.*	Verduras de hoja verde, frutos secos, jugo de naranja fortificado.
Vitamina E	La vitamina E es un importante antioxidante y ayuda a estabilizar las membranas de las células. *Su deficiencia puede provocar anemia y debilidad.*	Verduras de hoja verde, yema de huevo, y todos los productos integrales.

Minerales

	Beneficios	Fuente
Calcio	El calcio es vital para fortalecer los huesos y los dientes. *Su deficiencia puede provocar atrofia de crecimiento en los niños y debilidad de la densidad ósea en adultos.*	Productos lácteos, como la leche y el yogur.
Hierro	El hierro ayuda a producir hemoglobina, que es la encargada de llevar oxígeno a todo el cuerpo. *Su deficiencia puede provocar dolores de cabeza recurrentes, fatiga crónica, irritabilidad nerviosa, anemia e infecciones.*	Verduras de hoja verde, frutas secas y yema de huevo.
Magnesio	El magnesio es importante en el desarrollo dental y óseo, transmite impulsos nerviosos, actúa en la contracción muscular y activa las encimas necesarias para producir energía. *Su deficiencia puede provocar debilidad, desasosiego y, deficiencia en el crecimiento infantil.*	Verduras de hoja verde oscura, granos integrales y frutos secos.
Manganeso	El manganeso es importante para el buen funcionamiento celular. Actúa con las encimas contribuyendo en muchos procesos celulares. *Aún pequeñas cantidades de manganeso no producen deficiencias en el organismo.*	La mayoría de las frutas y las verduras, granos integrales y frutos secos.

	Beneficios	Fuente
Potasio	El potasio es importante para el mantenimiento del equilibrio de líquidos, la transmisión de impulsos nerviosos y la elaboración de proteínas. *Su deficiencia puede provocar debilidad muscular, fatiga y desasosiego.*	La mayoría de las frutas y las verduras, particularmente plátanos, y leche.

Bibliografía

Braimbridge, Sophie and Copeland, Jennie, *Energy Food*, Murdoch Books UK, 2002.
Davidson, Alan, *The Penguin Companion to Food*, Penguin Books, 1999.
Dorenburg, Andrew and Page, Karen, *Culinary Artistry*, John Wiley & Sons Inc., 1996.
Helou, Anissa, *Mediterranean Street Food*, HarperCollins, 2002.
Henry, Diana, *Crazy Water, Pickled Lemons*, Mitchell Beazley, 2002.
Selby, Anna, *The Juice and Zest Book*, Collins and Brown, 2000.
Wheater, Caroline, *Juicing for Health*, HarperCollins, 2001.

Índice